# A ORIGEM DA FAMÍLIA, DA PROPRIEDADE PRIVADA E DO ESTADO

*O livro é a porta que se abre para a realização do homem.*

Jair Lot Vieira

**FRIEDRICH ENGELS**

# A ORIGEM DA FAMÍLIA, DA PROPRIEDADE PRIVADA E DO ESTADO

*Em conexão com as pesquisas de Lewis H. Morgan*

Tradução
**SAULO KRIEGER**
Doutor em Filosofia pela Unifesp
(Universidade Federal de São Paulo),
com estágio bolsa-sanduíche na
Université de Reims, na França.

Copyright da tradução e desta edição © 2023 by Edipro Edições Profissionais Ltda.

Título original: *Der Ursprung der Familie, des Privateigentums und des Staats*. Traduzido com base na 4ª edição, publicada em 1892 por Verlag Schweizerische Volksbuchhandlung.

Todos os direitos reservados. Nenhuma parte deste livro poderá ser reproduzida ou transmitida de qualquer forma ou por quaisquer meios, eletrônicos ou mecânicos, incluindo fotocópia, gravação ou qualquer sistema de armazenamento e recuperação de informações, sem permissão por escrito do editor.

Grafia conforme o novo Acordo Ortográfico da Língua Portuguesa.

1ª edição, 2023.

**Editores:** Jair Lot Vieira e Maíra Lot Vieira Micales
**Produção editorial:** Carla Bettelli
**Edição de textos:** Marta Almeida de Sá
**Assistente editorial:** Thiago Santos
**Preparação de texto:** Thiago de Christo
**Revisão:** Kandy Saraiva
**Diagramação:** Estúdio Design do Livro
**Capa:** Lumiar Design

Dados Internacionais de Catalogação na Publicação (CIP)
(Câmara Brasileira do Livro, SP, Brasil)

---

Engels, Friedrich, 1820-1895.

    A origem da família, da propriedade privada e do Estado / Friedrich Engels ; tradução Saulo Krieger. — 1. ed. — São Paulo : Edipro, 2023.

    Título original: Der Ursprung der Familie, des Privateigentums und des Staats

    ISBN 978-65-5660-102-1 (impresso)
    ISBN 978-65-5660-103-8 (e-pub)

    1. Famílias - História 2. Morgan, Lewis Henry, 1818-1881. Antiga sociedade 3. O Estado 4. Propriedade - História 5. Sociedades primitivas I. Título.

22-139055                                        CDD-301.7

---

Índice para catálogo sistemático:
1. Sociedades primitivas : Sociologia 301.7

Cibele Maria Dias - Bibliotecária - CRB-8/9427

São Paulo: (11) 3107-7050 • Bauru: (14) 3234-4121
www.edipro.com.br • edipro@edipro.com.br
@editoraedipro  @editoraedipro

# SUMÁRIO

Nota da tradução ............................................................. 7

Prefácio do autor à quarta edição, 1891 ........................ 11

Prefácio do autor à primeira edição, 1884 .................... 25

## A origem da família, da propriedade privada e do Estado

I. Estágios pré-históricos de cultura ............................... 31

    1. O estado selvagem ................................................... 31

    2. A barbárie ................................................................ 33

II. A família ....................................................................... 39

III. A *gens* iroquesa ........................................................ 99

IV. A *gens* grega ............................................................ 115

V. Surgimento do estado ateniense ............................... 125

VI. *Gens* e Estado em Roma ......................................... 137

VII. A *gens* entre os celtas e os romanos .................... 149

VIII. A formação do Estado pelos germanos ............... 167

IX. Barbárie e civilização ............................................... 181

Notas do editor da quarta edição ................................. 205

# NOTA DA TRADUÇÃO

Esta tradução baseia-se na edição do livro *Der Ursprung der Familie, des Privateigentums und des Staats* publicada pela Verlag Schweizerische Volksbuchhandlung em 1892. Assim como nessa edição original, este volume apresenta três conjuntos de notas diferentes. No rodapé das páginas, as notas indicadas com "(N.A.)" são do autor e as indicadas com "(N.E.O.)" são do editor original, da Verlag Schweizerische Volksbuchhandlung, que destaca as modificações essenciais feitas por Engels na edição de 1892 em relação à primeira edição da obra, de 1884. As notas indicadas com numerais romanos encontram-se no fim do livro e são também do editor da Verlag Schweizerische Volksbuchhandlung, que apresenta contextos, referências bibliográficas e outras explicações relacionadas à obra.

# A ORIGEM DA FAMÍLIA, DA PROPRIEDADE PRIVADA E DO ESTADO

*Em conexão com as pesquisas de Lewis H. Morgan*[1]

# PREFÁCIO DO AUTOR À QUARTA EDIÇÃO, 1891

As edições anteriores deste escrito, que foram de grande tiragem, já há quase seis meses se esgotaram, e o editor (J. H. W. Dietz) há algum tempo me pedia para que preparasse uma nova. Trabalhos mais urgentes me impediram até agora. Desde o aparecimento da primeira edição, transcorreram sete anos, nos quais o conhecimento das formas familiares originais fez progressos significativos. Por isso se tornou necessário aperfeiçoar e complementar minuciosamente a obra, e tanto mais porque se pensa em imprimir este texto por estereotipia, e tal me privará, durante algum tempo, de fazer mais alterações.[1]

Submeti, então, o inteiro livro a um exame cuidadoso e fiz uma série de acréscimos, pelos quais espero ter levado em conta o atual estágio da ciência. Além disso, neste prólogo, faço uma breve exposição sobre o desenvolvimento da história da família desde Bachofen até Morgan; e o faço, sobretudo, porque a escola pré-histórica inglesa, que tem um ar chauvinista, continua operando todo o possível para silenciar a revolução que as descobertas de Morgan têm produzido nas noções de história primitiva, e, no entanto, não sente o menor pudor de se apropriar dos resultados desse autor. Por certo que, também em outros países, em alguns casos se segue à risca esse exemplo inglês.

Meu trabalho conheceu diferentes traduções para diferentes idiomas. Primeiro em italiano: *L'origine della famiglia, della proprietà privata e dello stato, versione riveduta dall'autore*, di Pasquale Martignetti, Benevento, 1885. Logo apareceu em romeno: *Originea familiei, proprietății private și a statului*, traduzida por Joan Nadejde, publicada

---

1. Na revista *Neue Zeit*, a última parte da frase consta como segue: "sobretudo, uma vez que a nova edição deverá ter a grande tiragem que é costumeira na literatura socialista alemã, tamanho que continuará a ser raro em outros segmentos do mercado livreiro alemão". (N.A.)

na revista *Contemporanul*, Iasi, de setembro de 1885 a maio de 1886. Também em dinamarquês: *Familjens, Privatejendommens og Statens Oprindelse*, tradução de Gerson Trier, segundo a edição revista pelo autor, Copenhague, 1888. Uma tradução francesa, de Henri Ravé, segundo esta presente edição alemã, encontra-se no prelo.

Até o início dos anos 1860, sequer se poderia pensar numa história da família. Nesse domínio, a ciência histórica ainda estava sob a influência dos cinco livros de Moisés. A forma patriarcal da família, descrita nesses cinco livros em pormenores como em nenhuma outra parte, não apenas era admitida, sem reservas, como a mais antiga, como também se identificava — descontada a poligamia — com a família burguesa dos dias de hoje, como se a família não tivesse passado por nenhum desenvolvimento histórico. No máximo se admitira que, no início, poderia ter havido um período de promiscuidade sexual. É certo que, além do casamento monogâmico, também se conhecia a poliginia oriental e a poliandria na Índia e no Tibet; porém, essas três formas não se deixavam ordenar numa sequência história e figuravam umas junto às outras sem ter nenhuma conexão. Também é verdade que, em alguns povos do mundo antigo, bem como entre selvagens ainda hoje existentes, a descendência se conta não pela linha paterna, mas pela materna, com a linha feminina devendo então ser vista como a única a ter validade; e, em muitos povos contemporâneos, proibia-se o casamento dentro de determinados grupos mais ou menos grandes, grupos estes que antes não haviam sido examinados mais de perto, dando-se esse costume em todas as partes do mundo; esses fatos eram, com efeito, conhecidos, e a eles sempre novos exemplos vinham se juntar. Mas ninguém sabia como abordá-los, e, mesmo na obra de E. B. Tylors *Researches into the Early History of Mankind etc. etc.* (1865) [Pesquisas sobre a história antiga da humanidade, etc., etc.], eles figuram como meros "usos peculiares" junto à proibição vigente em algumas tribos selvagens de tocar na lenha ardente com qualquer instrumento de ferro e outras esquisitices religiosas semelhantes.

O estudo da história da família data de 1861, com o aparecimento de *Das Mutterrecht* [*O direito materno*], de Bachofen. O autor formula, ali, as seguintes teses: 1. A de que, no início, os seres humanos viviam num estado de promiscuidade sexual, a que Bachofen impropriamente confere o nome de heterismo; 2. A de que tais relações excluem toda a possibilidade de estabelecer com certeza a paternidade, já que a filiação só podia se contar pela linha feminina — segundo o direito materno —, isso tendo sido o caso originariamente em todos os povos da Antiguidade; 3. Como consequência desse fato, as mulheres, como mães, como os únicos progenitores conhecidos da geração mais jovem, gozavam de grande apreço e respeito, o que, segundo Bachofen, se ampliou para o domínio absoluto das mulheres (ginecocracia); 4. A de que a passagem para a monogamia, na qual a mulher pertencia exclusivamente a *um* homem, encerrava a transgressão de uma antiquíssima lei religiosa (isto é, do direito imemorial dos demais homens sobre aquela mulher), transgressão essa que devia ser castigada ou cuja tolerância a ela tinha de ser comprada com a posse da mulher por outros homens por um tempo limitado.

As comprovações para essa tese Bachofen encontrou num sem--número de passagens da literatura clássica antiga, as quais ele reuniu com extremado zelo. Segundo ele, o desenvolvimento do "heterismo" até a monogamia e do direito materno até o paterno se produz concretamente entre os gregos, como consequência de um desenvolvimento das concepções religiosas derivado da introdução de novas divindades — representantes das ideias novas — no grupo de deuses tradicionais — estes representantes das ideias antigas —, de modo que os últimos cada vez mais fossem relegados a segundo plano pelos primeiros. Assim, pois, não foi o desenvolvimento das condições reais de existência dos homens, mas, sim, o reflexo religioso dessas condições de vida no cérebro de tais homens, o que, segundo Bachofen, determinou as mudanças históricas na posição social recíproca entre homem e mulher. Em correspondência com essa ideia, Bachofen interpreta a *Oresteia* de Ésquilo como o quadro dramático da luta entre o direito materno agonizante e o direito paterno, este que nasceu e logrou vitória sobre o primeiro na era dos heróis. Levada pela paixão por seu amante Egisto, Clitemnestra mata Agamenon, seu marido, quando este regressava da guerra de Troia; porém, Orestes, filho dela e de Agamenon, vinga a morte do pai matando a mãe. Isso faz com que ele seja perseguido pelas erínias, seres demoníacos que protegem o direito materno, segundo o qual o matricídio é o crime mais terrível e imperdoável. Mas Apolo, que, por mediação de seu oráculo, incitara Orestes a matar a mãe, e Atena, que intervém como juíza — ambas as divindades representando aqui a ordem patriarcal —, o protegem; Atena ouve ambas as partes. Todo o litígio se resume ao debate entre Orestes e as erínias. Orestes argumenta que Clitemnestra cometeu um crime duplo, por ter matado seu marido e, ao mesmo tempo, também, o pai de seu filho. Por que as erínias o perseguem, e não a ela, que é muito mais culpada? A resposta é surpreendente: "Ela não estava unida *por laços de sangue* ao homem que matou".

O assassinato de um homem com quem não se tem laços de sangue, mesmo sendo o marido da assassina, pode ser expiado e não importa às erínias. A missão que lhes compete é perseguir o homicídio entre os consanguíneos; e o pior desses crimes, o único imperdoável, segundo o direito materno, é o matricídio. E, então, intercede Apolo por Orestes como defensor. Atena submete o caso ao areópago — o tribunal do júri de Atenas —; as vozes são em mesmo número pela absolvição e pela condenação. Então, Atena, na qualidade de presidente do tribunal, vota a favor de Orestes e o absolve. O direito paterno obtém a vitória sobre o materno, os "deuses da jovem geração", segundo expressam as próprias erínias, as derrotam, e elas, ao final, se resignam a ocupar um novo posto a serviço da nova ordem das coisas.

Essa nova, mas decididamente correta, interpretação da *Oresteia* é uma das mais belas e melhores passagens de todo o livro, mas ao mesmo tempo é uma prova de que Bachofen crê nas erínias, como em Apolo e Atena, no mínimo tanto quanto Ésquilo neles acreditava em seu tempo; mais precisamente, crê que essas divindades realizaram, na época heroica grega, o milagre de derribar o direito materno, substituindo-o pelo direito paterno. É evidente que tal concepção, pela qual a religião faz as vezes de alavanca decisiva da história do mundo, termina por conduzir ao puro misticismo. Por esse motivo, estudar a fundo o volumoso tomo de Bachofen é um trabalho árduo, e nem sempre recompensador. Mas nem isso diminui o seu mérito como investigador pioneiro; em primeiro lugar, ele substitui o "estado original desconhecido" pela "promiscuidade sexual", apontando, na literatura clássica grega, muitos vestígios de que, entre os gregos e entre os povos asiáticos, teria existido, antes da monogamia, um estado em que não apenas um homem mantinha relação sexual com mais mulheres, mas também uma mulher com mais homens, sem que isso atentasse contra os costumes estabelecidos; Bachofen propôs que esse costume não desapareceu sem deixar vestígios sob a forma da entrega das mulheres a outros homens por tempo limitado como maneira de conquistar o direito ao casamento monogâmico; que, portanto, primitivamente, não se podia contar com descendência a não ser por linha feminina, de mãe a mãe; que essa validade exclusiva da linhagem feminina se manteve por muito tempo, mesmo no período da monogamia com a paternidade certificada ou reconhecida; e que essa situação primitiva das mães como únicos genitores certos de seus filhos assegurou a elas e, ao mesmo tempo, às mulheres em geral, uma posição social mais elevada do que a que desde então ocupam. É certo que Bachofen não emitiu esses enunciados com tanta clareza, pois foi impedido pelo misticismo contido na concepção de suas ideias. Mas, com suas demonstrações, isso em 1861, desencadeou uma completa revolução.

O volumoso tomo de Bachofen foi escrito em alemão, isto é, na língua da nação que, até então, menos se interessava pela história da família contemporânea. Por isso, se manteve quase ignorado. O mais imediato sucessor de Bachofen na mesma área apareceu em 1865, sem jamais ter ouvido falar dele.

Esse sucessor foi J. F. McLennan, o exato oposto do predecessor. Em vez de místico genial, temos aqui um árido jurista; em vez de uma exuberante e poética fantasia, as combinações plausíveis de um advogado de defesa. McLennan encontra em muitos povos selvagens, bárbaros, e mesmo nos civilizados de tempos antigos e novos, uma forma de casamento na qual o noivo, sozinho ou com seus amigos, é obrigado a arrebatar a noiva dos parentes dela simulando um rapto com violência. Esse costume deve ser o remanescente de um costume anterior, segundo o qual os homens de uma tribo tomavam posse de mulheres pertencentes a outras tribos realmente à força. Ora, como surgiu esse "casamento por rapto"? Enquanto os homens pudessem encontrar em sua própria tribo mulheres em número suficiente, não haveria motivo para tal procedimento. Entretanto, com não menos frequência, encontramos em povos civilizados certos grupos (em 1865 ainda identificados com as próprias tribos) que proibiam o casamento entre pessoas pertencentes a seu próprio seio, de modo que os homens e as mulheres se viam obrigados a buscar seus pares fora desse grupo; já em outros povos, vigorava, por costume, a obrigação de que os homens tomassem mulheres somente do seio de seu próprio grupo. McLennan chama os primeiros de exógamos e os segundos de endógamos; sem mais, formula uma rígida oposição entre "tribos" exogâmicas e endogâmicas. E, ainda que sua própria investigação acerca da exogamia revele que essa oposição, em muitos casos, se não em todos, existe somente em sua imaginação, nem por isso ele deixa de tomá-la como base para toda a sua teoria: de acordo com ela, as tribos exogâmicas somente podiam tomar mulheres de outras tribos, e, devido à guerra permanente entre tribos, tão própria do estado selvagem, isso só poderia se dar mediante o rapto.

McLennan ainda pergunta: de onde vem esse costume da exogamia? Para ele, a resposta nada tinha a ver com as ideias de consanguinidade ou de incesto, que só se desenvolveram muito mais tarde, mas podia bem se relacionar ao costume, tão disseminado entre os selvagens, de matar a menina logo depois do nascimento, o que resultaria num excedente de homens em cada tribo, cuja consequência imediata seria a de que vários homens teriam a mesma mulher em comum, configurando a poliandria. Neste caso, seria conhecida a identidade da mãe de uma criança, mas não a do pai; sendo assim, o parentesco só seria contado em linha materna, com a exclusão dos homens — direito materno. Uma segunda consequência da falta de mulheres no seio da tribo — uma falta mitigada, mas não suprimida, pela poliandria — jazia precisamente no rapto sistemático e violento de mulheres de outras tribos.

Uma vez que a exogamia e a poliandria procedem de uma só causa — a falta de um igual número entre ambos os sexos —, devemos considerar que, entre todas as raças exogâmicas, teria existido primitivamente a poliandria (...) E, por isso, devemos ter por indiscutível que, entre as raças exogâmicas, o primeiro sistema de parentesco foi aquele pelo qual o vínculo de sangue se conhecia tão somente pelo lado materno. (McLennan, *Studies in Ancient History*, 1886. "Primitive Marriage" [Casamento primitivo], p. 124.)

É mérito de McLennan ter apontado a difusão geral e a grande importância do que ele chama de exogamia. Mas, quanto aos grupos exogâmicos, de modo algum ele os *descobriu*, e menos ainda os compreendeu. Sem falar já das notas anteriores, e soltas, de numerosos observadores — que são precisamente as fontes de McLennan —, com muita exatidão e precisão Latham descreveu (*Descriptive Ethnology* [Etnologia descritiva], 1859) essa instituição entre os magares da Índia e disse que ela estava universalmente difundida e se encontrava em todas as partes do mundo — em passagem citada pelo próprio McLennan. E, além disso, também nosso Morgan observou e descreveu perfeitamente, em suas cartas sobre os iroqueses (na *American Review*), no ano de 1847, e em *The League of the Iroquois* [A liga dos iroqueses], do ano de 1851, esse mesmo fenômeno — mas o espírito advocatício de McLennan introduziu aqui uma confusão muito maior do que a fantasia mística de Bachofen no terreno do direito materno. Outro mérito de McLennan consiste em ter reconhecido como primária a ordem de descendência do direito materno, ainda que também aqui tenha sido antecedido por Bachofen, segundo confessa mais adiante. Mas mesmo nisso as coisas não estão claras; ele fala sempre de um "parentesco em linha feminina somente" (*kinship through females only*), empregando continuamente essa expressão, correta para períodos anteriores, também na análise de fases de desenvolvimento mais tardias, nas quais a filiação e o direito de herança seguem sendo contados exclusivamente pela linha materna, mas o parentesco já se encontra reconhecido e fixado também pela linhagem masculina. Observamos aqui a estreiteza de critério do jurista, que cria um termo jurídico fixo e continua a aplicá-lo sem o modificar em circunstâncias às quais ele já não se aplica.

Em que pese a sua plausibilidade, a teoria de McLennan não pareceu muito bem assentada nem mesmo em seu próprio autor. Pelo menos, "(...) salta aos olhos que a forma do rapto (aparente) das mulheres seja observada de maneira mais marcada e nítida entre os povos em que 'predomina' o parentesco *masculino* (isto é, a descendência em linha masculina) (...)" (*Op. cit.*, p. 140).

E, nessa mesma direção, afirma: "É um fato muito estranho que, até onde sabemos, o infanticídio não seja praticado sistematicamente lá onde coexistem a exogamia e a forma mais antiga de parentesco" (*Op. cit.*, p. 146).

Ambos os fatos vão diretamente contra a sua maneira de explicar as coisas, e McLennan só lhes pôde opor novas hipóteses, e ainda mais confusas.

Não obstante, sua teoria foi acolhida na Inglaterra com grande aprovação e repercussão. McLennan foi considerado aqui por todo mundo como o fundador da história da família e como primeira autoridade nesse terreno. Sua oposição entre as "tribos" exogâmicas e endogâmicas continua a ser, apesar de certas exceções e modificações comprovadas, a base reconhecida das opiniões predominantes, tendo sido trocados por outros os antolhos que impediam que se visse livremente o terreno explorado e, com isso, que se contemplasse todo o progresso decisivo. Ante o exagero atribuído aos méritos de McLennan hoje na Inglaterra, e, seguindo-se o exemplo inglês também fora do país, devemos assinalar que, com sua oposição entre "tribos" exogâmicas e endogâmicas, baseada em puro equívoco, mais foram projetadas sombras do que prestados serviços.

Entretanto, vieram à luz mais e mais fatos que já não cabiam na elegante moldura de sua teoria. McLennan conhecia apenas três formas de matrimônio: a poligamia, a poliandria e a monogamia. Mas, tão logo se dirigiu a atenção a esse ponto, mais e mais provas foram encontradas de que, entre os povos não desenvolvidos, existiam outras formas de matrimônio, nas quais vários homens tinham em comum várias mulheres; e Lubbock (*The Origin of Civilisation and the Primitive Condition of Man* [A origem da civilização e a condição primitiva do homem], 1870) reconheceu esse casamento grupal (*communal marriage*) como um fato histórico.

Pouco depois, em 1871, Morgan apareceu na cena, com material decisivo sob muitos pontos de vista. Ele tinha se convencido de que o sistema de parentesco próprio de iroqueses, e vigente ainda entre eles, era comum a todos os aborígenes dos Estados Unidos, ou seja, que estava difundido por um continente inteiro, por mais que se encontrasse em contradição formal com os graus de parentesco resultantes do sistema matrimonial ali em vigor. Ele então persuadiu o governo federal americano a recolher informes acerca do sistema de parentesco dos demais povos, segundo formulários e tabelas elaborados por ele próprio, e deduziu daí as seguintes respostas: 1) Que o sistema de parentesco dos indígenas americanos vigorava igualmente na Ásia e, sob uma forma um pouco modificada, em muitas tribos da África e da Austrália; 2) que esse sistema tinha sua mais completa explicação em uma forma de casamento por grupos, em vias de extinção no Havaí e em outras ilhas australianas; 3) que nessas mesmas ilhas vigorava, juntamente com essa forma de matrimônio, um sistema de parentesco que só podia ser explicado mediante uma forma, hoje extinta, de matrimônio por grupos ainda mais primitiva. Morgan publicou os relatos reunidos e as conclusões deles deduzidas em seu *Systems of Consanguinity and Affinity* [Sistemas de consanguinidade e afinidade], em 1871, e com isso levou a discussão a um terreno infinitamente mais amplo. Tomando como ponto de partida os sistemas de parentesco e reconstituindo as formas de família a eles correspondentes, inaugurou novas vias de investigação e proporcionou a possibilidade de enxergar muito mais longe ao analisar a Pré-História da humanidade. Se esse método entrasse em vigor, a simpática construção de McLennan teria sido reduzida a pó.

McLennan saiu em defesa de sua teoria na nova edição de "Primitive Marriage" [Casamento primitivo] (*Studies in Ancient History*

[Estudos em história antiga], 1875). Ainda que ele mesmo construa uma história da família baseando-se em simples hipóteses de maneira altamente artificial, exige de Lubbock e de Morgan não apenas comprovação para todas as afirmações, mas provas irrefutáveis, as únicas admitidas em um tribunal de justiça escocês. E isso o faz o mesmo homem que, apoiando-se no íntimo parentesco do irmão da mãe com o filho da irmã entre os germanos (Tácito, *Germânia*, cap. 20), no relato de César de que os bretões tinham suas mulheres em comum num grupo de dez ou doze, e em todas as demais relações que os autores antigos fizeram da comunhão de mulheres entre os bárbaros, sem vacilar chega à conclusão de que a poliandria teria predominado em todos esses povos! Isso se parece com ouvir um promotor que toma toda a liberdade para justificar suas conclusões, mas que exige do advogado de defesa a prova juridicamente válida que com toda a formalidade sustente cada uma das palavras que pronuncia.

O casamento grupal seria uma pura invenção, afirma McLennan, e retrocede a um período bem anterior ao de Bachofen. Segundo McLennan, os sistemas de parentesco de Morgan não são senão simples formas de cortesia social, demonstrada pelo fato de que, ao dirigir os indígenas a palavra *mesmo* a um estrangeiro, a um branco, tratam-no como a um irmão ou a um pai. Isso é o mesmo que querer assegurar que as palavras "pai", "mãe", "irmão", "irmã" são puras formas de tratamento sem significação, enquanto, ao mesmo tempo, saúda os sacerdotes e as abadessas católicas igualmente com os nomes de pai e mãe. Os monges e freiras, da mesma forma que os maçons e os sindicalistas ingleses, tratam-se entre si por irmãos e irmãs em suas sessões solenes. Numa palavra, a defesa de McLennan não poderia ser mais miseravelmente fraca.

Mas havia ainda um ponto em que ele era invulnerável. A oposição de "tribos" exogâmicas e endogâmicas, base de seu sistema, longe de vacilar, reconhecia-se universalmente como o fundamento de toda a história da família. Admitia-se que o intento de demonstrar essa oposição, da parte de McLennan, era insuficiente e estava em contradição com os dados por ele próprio aportados. Mas se considerava como um evangelho indiscutível a própria oposição, a existência de dois tipos, excludentes entre si, de tribos autônomas e independentes: em um tipo, as mulheres eram arrebatadas pelos homens de suas próprias tribos, enquanto, no outro, tomar mulheres do seio da própria tribo era terminantemente proibido. A esse respeito, compare-se, por exemplo, *Origines de la famille* [Origens da família] (1874), de Giraud-Telon, e até mesmo *Origin of Civilisation* [Origem da civilização] (4ª edição, 1882), de Lubbock.

Quanto a esse aspecto, logo aparece a obra fundamental de Morgan, *Ancient Society* ([Sociedade antiga] 1877), que está na base do escrito que ofereço ao leitor. Nela, Morgan desenvolve com plena nitidez o que em 1871 conjecturava ainda vagamente. Endogamia e exogamia não compõem nenhuma oposição; até agora, "tribos" exogâmicas não foram comprovadas em nenhuma parte. Mas, na época em que ainda predominava o casamento por grupos — e é muito provável que algum dia tenha vigorado em toda a parte —, a tribo se cindiu num certo número de grupos, de *gentes* consanguíneas pelo lado materno, no seio das quais estava rigorosamente proibido o matrimônio, de modo que os homens de uma *gens* podiam tomar mulheres da própria tribo, e efetivamente tomavam-nas, mas viam-se obrigados a tomá-las de uma *gens* distinta. Desse modo, se era a *gens* estritamente exogâmica, a tribo que compreendia a totalidade das *gentes* era endogâmica na mesma medida. Com isso, eliminou-se o que restava dos floreios verbais de McLennan.

Porém, Morgan não se contentou com isso. A *gens* dos indígenas norte-americanos lhe serviu, ademais, para dar um segundo e decisivo passo na esfera de suas investigações. Nessa *gens*, organizada segundo o direito materno, ele descobriu a forma primitiva de onde saiu a *gens* posterior, organizada segundo o direito paterno, *gens* como a que encontramos entre os povos civilizados da Antiguidade. A *gens* grega e romana, que até então tinha sido um enigma para todos os historiadores, foi explicada partindo-se da *gens* indiana, e, com isso, encontrou-se uma base nova para toda a história primitiva.

Esse novo descobrimento da *gens* de direito materno original como etapa anterior à *gens* de direito paterno dos povos civilizados tem para a Pré-História a mesma importância que a teoria da evolução de

Darwin para a biologia e que a teoria de mais-valia de Marx para a economia política. Esse descobrimento permitiu a Morgan, pela primeira vez, esboçar uma história da família na qual, pelo menos em linhas gerais, foram assentados previamente, o quanto o permitem os dados atuais, os estágios clássicos do desenvolvimento. Para todos os olhos está claro que se iniciou aí uma nova época no estudo da Pré-História. A *gens* de direito materno é hoje o eixo em torno do qual gira essa inteira ciência; desde o seu descobrimento, se sabe em que direção encaminhar a investigação e como agrupar os resultados obtidos. Por isso, hoje se fazem progressos muito mais rapidamente nesse terreno do que se faziam antes do livro de Morgan.

Também na Inglaterra, todos os investigadores da Pré-História reconhecem as descobertas de Morgan ou, melhor seria dizer, apropriaram-se delas. Mas quase nenhum deles declara abertamente que é a Morgan que devem essa revolução das ideias. Nesse país, sempre que possível, sobre o seu livro se faz um silêncio sepulcral, e, quanto ao próprio autor, limitam-se a elogios condescendentes a seus trabalhos *anteriores*; cavoucam com zelo em minúcias de sua exposição, mas silenciam de maneira contumaz sobre suas descobertas realmente importantes. A edição original de *Ancient Society* se esgotou; na América do Norte, as publicações desse tipo vendem mal; na Inglaterra, ao que parece, a publicação desse livro foi sistematicamente sabotada, e a única edição à venda dessa obra que ainda circula nas livrarias é a tradução alemã.

Por que motivo essa reserva, na qual não é difícil ver uma conspiração de silêncio, sobretudo se se levam em conta as numerosas citações feitas por simples cortesia, e outras comprovações de camaradagem, que abundam nos escritos de nossos reconhecidos investigadores da Pré-História? Será que porque Morgan é um estadunidense, sendo muito difícil para os investigadores ingleses da Pré-História, apesar do altamente meritório empenho que põem em juntar material, ter de depender, quanto aos pontos de vista gerais necessários para ordenar e agrupar os dados, de dois estrangeiros geniais, como são Bachofen e Morgan? Um alemão ainda poderia passar, mas um estadunidense? Na presença de um estadunidense, todo inglês se torna um patriota, e disso, nos Estados Unidos, eu vi exemplos divertidos. Acresce-se a isso que McLennan foi, de certo modo, oficialmente proclamado fundador e chefe da escola pré--histórica inglesa; e, ainda mais, que, até certo ponto, fazia parte do bom-tom pré-histórico falar somente com o mais profundo respeito de sua artificiosa construção histórica, que conduzia desde o infanticídio à família de direito materno, passando pela poliandria e pelo casamento por rapto. Tinha-se como grave sacrilégio manifestar a menor dúvida acerca da existência de "tribos" endogâmicas e exogâmicas absolutamente excludentes. Morgan, portanto, ao transformar em pó esses dogmas consagrados, cometeu uma espécie de pecado. Além do mais, fazia-os desvanecer com argumentos cuja simples exposição já bastava para que todo mundo os admitisse como autoevidentes. E os veneradores de McLennan, que até então vacilavam perplexos entre exogamia e endogamia, quase se viram obrigados a levar as mãos à cabeça e a exclamar: "Como pudemos ser tão idiotas e não descobrir tudo isso nós mesmos e há muito tempo?!".

E como se tantos crimes ainda não bastassem para que a escola oficial desse friamente as costas a Morgan, este fez o copo transbordar, não apenas criticando, de um modo que faz lembrar Fourier, a civilização e a sociedade da produção de mercadorias, forma fundamental de nossa sociedade presente, mas também falando em uma futura transformação dessa sociedade utilizando termos que poderiam ter vindo de Marx. Por isso, Morgan mereceu quando McLennan o criticou, indignado, dizendo: "o método histórico lhe é completamente antipático", como também quando o professor Giraud-Telon repetiu a mesma acusação em Genebra, ainda em 1884. E, não obstante, em 1874 (em *Origines de la famille*), o mesmo senhor Giraud-Telon errava de modo impotente pelo labirinto da exogamia de McLennan, de onde só mesmo Morgan haveria de o tirar!

Cumpre detalhar aqui os demais progressos que a pré-história deve a Morgan; no curso de meu trabalho se encontrará o que é preciso dizer acerca disso. Os quarenta anos decorridos desde o aparecimento de sua obra capital aumentaram muito o acervo de nossos dados históricos sobre as sociedades humanas primitivas.

A antropólogos, viajantes e investigadores da Pré-História juntaram-se, também, os representantes da jurisprudência comparada, que trouxeram novos dados de novos pontos de vista. Algumas hipóteses individuais de Morgan chegaram a oscilar ou mesmo a cair. Mas os novos dados reunidos não substituíram por outras suas principais ideias. A ordem por ele introduzida na história primitiva subsiste ainda hoje em seus grandes traços gerais. Sim, pode-se mesmo afirmar que tal ordem vai sendo cada vez mais reconhecida, de modo cada vez mais generalizado, na mesma medida em que se intenta ocultar a autoria desse grande avanço.[2]

*Friedrich Engels*
Londres, 16 de junho de 1891

---

2. Ao regressar de Nova York, em setembro de 1888, encontrei um ex-congressista do distrito de Rochester, e ele tinha conhecido Lewis Morgan. Infelizmente, não soube me contar muito sobre ele. Morgan viveu em Rochester, ocupado tão só com seus estudos. Seu irmão havia sido coronel e ocupava um posto no Ministério da Guerra, em Washington; graças à mediação do irmão, consegui que o governo se interessasse por suas investigações e publicasse várias de suas obras às expensas do erário; meu interlocutor também o tinha ajudado por várias vezes no período de seu mandato no Congresso. (N.A.)

# PREFÁCIO DO AUTOR À PRIMEIRA EDIÇÃO, 1884

Os capítulos a seguir se constituem, em certo sentido, na consumação de um testamento. Ninguém menos do que Karl Marx se dispôs a expor pessoalmente os resultados das pesquisas de Morgan com relação aos resultados de sua — até certo ponto posso chamá-la de nossa — análise materialista da história, para apresentar, assim, e somente assim, todo o seu alcance. Na América do Norte, Morgan descobriu de novo, e à sua maneira, a teoria materialista da história, descoberta por Marx quarenta anos antes, e, guiando-se por ela, chegou, ao contrapor barbárie e civilização, aos mesmos pontos essenciais que Marx. A esse respeito, devo assinalar que os mestres da ciência pré-histórica na Inglaterra procederam com o *Ancient Society* de Morgan[3] da mesma forma como se comportaram com *O capital* os economistas de ofício na Alemanha, isto é, durante longos anos estiveram a plagiar Marx com tanto zelo quanto com empenho se punham a silenciá-lo. De maneira apenas mediana meu trabalho pode substituir o que meu falecido amigo não conseguiu escrever. No entanto, nos amplos excertos por ele realizados do trabalho de Morgan, tem-se observações críticas que eu aqui, na medida do possível, farei reproduzir.

De acordo com a concepção materialista, o fator que em última instância determina a história é este: a produção e reprodução da vida imediata. Esse fator, porém, é de dupla natureza: por um lado, tem-se a produção de meios de subsistência, de gêneros alimentícios,

---

3. *Ancient Society, or Researches in the Lines of Human Progress from Savagery through Barbarism to Civilization* [Sociedade antiga, ou pesquisas nas linhas do progresso humano da selvageria à barbárie e à civilização], de Lewis H. Morgan. Londres, Macmillan and Co., 1877. O livro foi impresso na América do Norte; em Londres é estranhamente difícil encontrá-lo. O autor faleceu há alguns anos. (N.A.)

de vestuário, habitação e dos instrumentos necessários para se fazer tudo isso; por outro lado, tem-se a própria geração de seres humanos, a continuidade da espécie. As instituições sociais sob as quais vivem os seres humanos de um determinado período histórico e de um determinado país são condicionadas por ambos os tipos de produção: pelo grau de desenvolvimento do trabalho, por um lado, e, por outro, o da família. Quanto menos desenvolvido é o trabalho, mais limitada é a quantidade de seus produtos, e, portanto, também a riqueza da sociedade, e, assim, com tanto mais força a ordem social será dominada pelos laços consanguíneos. Mas é sob essa estruturação da sociedade baseada em laços consanguíneos que a produtividade do trabalho desenvolve-se mais e mais, com sua propriedade privada e suas trocas, diferenças de riqueza, a aplicabilidade de força de trabalho alheia e, com isso, o fundamento das oposições entre classes: novos elementos sociais que, no curso de gerações, se esforçam para adaptar o antigo regime social às novas circunstâncias, até que, finalmente, a incompatibilidade de ambos conduza a uma total revolução. Baseada em laços consanguíneos, a antiga sociedade explode ao se chocar com as classes sociais recém-formadas; em seu lugar, surge uma nova sociedade organizada em Estado, as unidades inferiores desta já não sendo baseadas em uniões consanguíneas, mas, sim, em uniões territoriais; trata-se de uma sociedade em que o regime familiar se encontra completamente submetido às relações de propriedade e em que se desdobram livremente as contradições de classe e a luta de classes, estas que consistem no conteúdo de toda história *escrita* até nossos dias.

    O grande mérito de Morgan está em ter descoberto os traços principais dessa fundamentação pré-histórica de nossa história escrita e em tê-la recuperado, ao encontrar nas uniões consanguíneas dos indígenas norte-americanos a chave para decifrar os mais importantes enigmas, ainda não resolvidos, da história antiga da Grécia, de Roma e da Alemanha. Contudo, seu escrito de modo algum é obra de um dia. Durante quarenta anos, ele se debateu com seu material até dominá-lo completamente. Daí ser o seu livro uma das poucas obras de nosso tempo a marcar época.

Na exposição que se seguirá, o leitor distinguirá facilmente o que pertence a Morgan e o que é de minha inserção. Nas seções históricas sobre Grécia e Roma, eu não me limitei à documentação de Morgan, mas, sim, acrescentei dados de que dispunha. As seções sobre celtas e germanos são essencialmente minhas; a esse respeito, Morgan dispunha quase tão só de fontes de segunda mão, e, quanto aos germanos, à parte o que disse Tácito, ele conhecia apenas as péssimas falsificações liberais do senhor Freeman. As argumentações econômicas, se eram bem suficientes para os fins de Morgan, para os meus não o foram de modo algum, razão pela qual tive de refazê-las por completo. E, finalmente, é evidente que sou o responsável por todas as conclusões, a não ser nos casos em que Morgan for expressamente citado.

*Friedrich Engels*

# A ORIGEM DA FAMÍLIA, DA PROPRIEDADE PRIVADA E DO ESTADO

# I. ESTÁGIOS PRÉ-HISTÓRICOS DE CULTURA

Morgan foi o primeiro que, com conhecimentos de causa, tratou de introduzir uma ordem determinada na Pré-História da humanidade, e sua classificação, sem dúvida, permanecerá em vigor até que uma riqueza de dados muito mais considerável nos obrigue a modificá-la.

Das três épocas principais — estado selvagem, barbárie e civilização —, ele se ocupa somente das duas primeiras; com a terceira, o faz apenas de passagem. Subdivide cada uma dessas duas épocas em estágio inferior, mediano e superior, segundo os progressos obtidos na produção dos meios de existência; afinal, diz ele:

> A habilidade nessa produção é decisiva para o grau de superioridade e de domínio do homem sobre a natureza; o homem é, entre todos os seres, o único que conseguiu um domínio quase absoluto da produção de alimentos. Todas as grandes épocas de progresso humano coincidem, mais ou menos diretamente, com as épocas em que se ampliam as fontes de subsistência.[II]

O desenvolvimento da família se opera paralelamente, mas sem oferecer indícios tão evidentes para a delimitação dos períodos.

## 1. O estado selvagem

1. *Estágio inferior*. A infância do gênero humano: ele permanecia ainda nos bosques tropicais ou subtropicais e vivia, pelo menos parcialmente, nas árvores. Essa é a única explicação para que continuasse existindo, entre feras selvagens, nos seus lugares de origem — florestas tropicais ou subtropicais. Os frutos, as nozes e as raízes

serviam de alimento, e a formação da linguagem articulada foi o principal progresso desse período pré-histórico. Nenhum dos povos conhecidos já no período histórico se encontrava mais nessa condição. Mesmo que provavelmente o gênero humano tenha permanecido no estágio inferior por milênios, não podemos demonstrar a existência deste com base em testemunhos diretos; mas, se admitimos que o homem procede do reino animal, devemos aceitar necessariamente esse estágio transitório como hipótese.

2. *Estágio intermediário*. Inicia-se com a introdução do pescado (incluídos também os crustáceos, os moluscos e outros animais de água doce) na alimentação e com o uso do fogo. Ambos os fenômenos caminham juntos, porque o pescado só pode ser utilizado plenamente para esse fim graças ao fogo. Com esse novo alimento, os homens se fizeram independentes do clima e dos lugares; seguindo o curso das correntes e costas, puderam, ainda em estado selvagem, estender-se sobre a maior parte da Terra. Os toscos instrumentos de pedra não polida da primitiva Idade da Pedra, chamados paleolíticos, pertencem todos, ou a maioria deles, a esse período e encontram-se disseminados por todos os continentes, o que constitui uma prova dessas migrações. A ocupação de novas zonas e o incansável e ativo ímpeto de novos descobrimentos, vinculados à posse do fogo, conduziram ao emprego de novos alimentos, como as raízes e os tubérculos farináceos, cozidos em cinza quente ou em fornos escavados no solo; e também houve a caça, que, com a invenção das primeiras armas, o porrete e a lança, chegou a ser um elemento suplementar. Jamais houve povos exclusivamente caçadores, como se diz nos livros, isto é, que vivessem *unicamente* da caça, e isso porque o resultado da caça é muito incerto. Ao que tudo indica, o canibalismo nasce nesse estágio para subsistir durante muito tempo, como efeito da constante incerteza com relação às fontes de alimentação. Os australianos e muitos polinésios encontram-se ainda hoje nesse estágio intermediário do estado selvagem.

3. *Estágio superior*. Inicia-se com a invenção e o uso do arco e flecha, que chega a tornar a caça uma das ocupações normais e, seu produto, um alimento regular. O arco, a corda e a flecha compõem

um instrumento muito complexo, cuja invenção supõe ampla experiência acumulada e capacidades mentais bem desenvolvidas, assim como o conhecimento de uma boa quantidade de outras invenções. Se estudarmos os povos que conhecem o arco e flecha, mas ainda não a arte da olaria (com a qual começa, segundo Morgan, a transição para a barbárie), encontraremos já alguns indícios de residência fixa em aldeias e certa maestria na produção de meios de subsistência, como recipientes e utensílios de madeira, o tecido à mão (sem tear) com fibras de entrecasca, cestos trançados com entrecasca ou com vime e instrumentos de pedra polida (neolítico). Na maioria dos casos, o fogo e o machado de pedra produziram a canoa formada com um único tronco de árvore, e, em certos lugares, as vigas e as tábuas eram empregadas para a construção de moradias. Todos esses progressos são encontrados, por exemplo, entre os índios do noroeste da América do Norte, que conhecem o arco e a flecha, mas não a olaria. O arco e a flecha foram, para o estágio selvagem, o que a espada de ferro foi para a barbárie e a arma de fogo, para a civilização: a arma decisiva.

## 2. A barbárie

1. *Estágio inferior.* Inicia-se com a olaria. Pode-se comprovar que, em muitos casos e provavelmente em toda parte, nasceu do costume de recobrir com argila os recipientes de cestaria ou de madeira para torná-los refratários ao fogo; e logo se descobriu que a argila moldada servia também para o caso em que não se tivesse o recipiente interior.

Até aqui temos podido considerar o curso do desenvolvimento como um fenômeno absolutamente geral, válido num período determinado para todos os povos, sem distinção de lugar. Mas, com o advento da barbárie, chegamos a um estado em que começa a se fazer sentir a diferença de condições naturais entre os dois grandes continentes da Terra. O fator característico do período da barbárie é a domesticação e criação de animais e o cultivo de plantas. Ora, o continente oriental, o chamado Velho Mundo, possuía quase todos os animais domesticáveis e todos os cereais próprios para cultivo, exceto um; já o continente ocidental, a América, não tinha mamíferos domesticáveis além da lhama — que, ainda assim, existia apenas em uma parte do sul —, e dispunha de apenas um dos cereais cultiváveis, porém, o melhor: o milho. Em virtude dessas condições naturais diferentes, a partir desse momento, a população de cada hemisfério se desenvolveu de maneira particular, e os marcos que assinalam os limites dos estágios particulares são diferentes para cada um dos hemisférios.

2. *Estágio intermediário*. Inicia-se no Oriente com a domesticação de animais, e, no Ocidente, com o cultivo de hortaliças por meio de irrigação e com o uso de adobes (tijolos secos ao sol) e de pedras para construção.

Começamos pelo Ocidente porque aqui este estágio não foi superado em nenhuma parte até a conquista da América pelos europeus.

Entre os indígenas do estágio inferior da barbárie (figuram aqui todos os que foram encontrados a leste do Mississippi) existia, já na época de seu descobrimento, certo cultivo do milho e, possivelmente, também de abóboras, melões e outras plantas de horta, o que lhes proporcionava um componente muito importante para sua alimentação; viviam em casas de madeira, em aldeias protegidas por paliçadas. As tribos do noroeste, sobretudo as da região do Rio Colúmbia, ainda estavam no estágio superior do estado selvagem e não conheciam nem a olaria nem o cultivo de plantas de nenhum tipo. E os indígenas dos chamados *pueblos*[III] do Novo México, os mexicanos, os centroamericanos e os peruanos da época da conquista encontravam-se no estágio médio da barbárie; viviam em casas em forma de fortaleza, construídas com adobe ou pedra, cultivavam o milho e outras plantas comestíveis, diferentes segundo o lugar e o clima, em hortas com irrigação artificial, o que configurava sua principal fonte de alimentação, e chegavam até a domesticar alguns animais — os mexicanos, o peru e outras aves; os peruanos, a lhama. Além disso, eles conheciam a elaboração dos metais — com exceção do ferro, razão pela qual ainda não podiam prescindir de suas armas e de seus instrumentos de pedra. A conquista espanhola cortou a raiz de todo o desenvolvimento ulterior autônomo.

No Oriente, o estágio intermediário da barbárie se iniciou com a domesticação de animais que podiam fornecer o leite e a carne, enquanto o cultivo das plantas, ao aparecer, se manteve ali desconhecido até momento bem avançado nesse período. A domesticação e criação do gado e a formação de grandes rebanhos parecem ser a causa de separação dos arianos e dos semitas do restante da massa dos bárbaros. Os arianos da Europa e os asiáticos ainda têm em comum os nomes de animais, mas as plantas cultivadas são quase sempre chamadas por nomes distintos.

A formação de rebanhos levou, nos lugares adequados para tal, à vida pastoril; os semitas, nas pradarias do Eufrates e do Tigre, os arianos, nas da Índia, dos rios Oxo e Jaxartes, do Don e do Dnieper. Foi nos confins dessas terras ricas em pastagens que se conseguiu pela primeira vez domesticar animais. Por isso que às gerações posteriores parece que os povos de pastores procediam de regiões que, na realidade, longe de serem o berço do gênero humano, eram quase inabitáveis para seus selvagens ancestrais, e mesmo para gente do estágio inferior de barbárie. Em outro sentido, enquanto esses bárbaros do estado intermédio se habituavam à vida pastoril, jamais se lhes tinha podido ocorrer a ideia de abandonar voluntariamente as pradarias situadas nos vales dos rios para voltar às zonas de floresta onde habitavam seus antepassados. Nem quando foram impelidos para o norte e para o Ocidente foi possível aos semitas e arianos retirarem-se para as regiões florestais do oeste da Ásia e da Europa antes que o cultivo dos cereais permitisse alimentar seu gado nesse solo menos favorável, sobretudo no inverno. É mais do que provável que o cultivo de cereais tenha nascido aqui, num primeiro momento advindo da necessidade de proporcionar forragem ao gado, apenas mais tarde vindo a adquirir a importância para a alimentação do homem.

É possível que a evolução superior dos arianos e dos semitas tenha se devido à abundância de carne e de leite em sua alimentação e, particularmente, ao benéfico efeito desses alimentos no desenvolvimento das crianças. Na verdade, os indígenas dos *pueblos* do Novo

México, que se veem reduzidos a uma alimentação quase vegetal, têm um cérebro muito menor que o dos indígenas do estágio inferior da barbárie, que comem mais carne e pescado. Em todo caso, nesse estágio desaparece pouco a pouco o canibalismo, que sobrevive, então, apenas como ato religioso ou como sortilégio, estes que vêm a ser aqui quase idênticos.

3. *Estágio superior.* Inicia-se com a fundição do minério de ferro e passa para o estágio da civilização por meio da invenção da escrita alfabética e seu emprego para registros literários. Esse estágio, que, como dissemos, só existiu de maneira independente no hemisfério oriental, supera todos os anteriores juntos quanto aos progressos da produção. A esse estágio pertencem os gregos da era heroica, as tribos italianas de pouco antes da fundação de Roma, os germanos de Tácito, os normandos do tempo dos viquingues.[4]

Encontramos aqui, pela primeira vez, o arado de ferro, puxado pelo gado, o que tornou possível a aragem da terra em grande escala, a *agricultura*, e desse modo se produz, nas condições de então, um aumento praticamente ilimitado de meios de subsistência. Em conexão com isso, se provoca também a extinção dos bosques e sua transformação em terras de aragem e pradarias — algo impossível de realizar em grande escala sem o machado e a pá de ferro. Tudo isso motivou um rápido aumento da população, que se instala densamente em pequenas áreas. Antes do cultivo dos campos, só mesmo circunstâncias excepcionais tinham podido reunir meio milhão de pessoas sob uma única direção central; é provável que isso jamais tivesse acontecido até então.

Nos poemas homéricos, principalmente na *Ilíada*,[IV] aparece diante de nós a época mais florescente do estágio superior da barbárie. A principal herança que os gregos levaram da barbárie à civilização foram os instrumentos de ferro aperfeiçoados, o fole de ferreiro, o moinho manual, a roda de oleiro, o preparo de azeite e de vinho,

---

4. Na edição de 1884, consta "e os germanos de César (ou, como prefeririamos dizer, de Tácito)" em vez de "os germanos de Tácito, os normandos da época dos viquingues". (N.E.O.)

o processamento avançado do metal atingindo a condição de obra de arte, a carroça e o carro de guerra, a construção de barcos com vigas e pranchões, os começos da arquitetura como arte, as cidades amuralhadas com torres e ameias, a epopeia homérica e toda a mitologia. Se compararmos essa descrição com as feitas por César, até por Tácito, referentes aos germanos, que estavam no início do mesmo estágio cultural do qual os gregos de Homero estavam prestes a sair, veremos quão esplêndido foi o desenvolvimento da produção no estágio superior da barbárie.

O quadro que eu aqui acabo de esboçar, do desenvolvimento da humanidade através do estado selvagem e da barbárie até os começos da civilização segundo Morgan, é bastante rico em traços novos e, sobretudo, indiscutíveis, uma vez que são extraídos diretamente da produção. No entanto, ele parecerá opaco e insuficiente se comparado ao quadro que há de se desenrolar diante de nós ao término de nossa viagem; só então será possível apresentar com toda a clareza a passagem da barbárie à civilização e o poderoso contraste entre ambas. Por ora, podemos generalizar a classificação de Morgan da seguinte forma: estado selvagem — período em que predomina a apropriação de produtos já prontos da natureza; as produções artificiais do homem são destinadas sobretudo a facilitar essa apropriação. Barbárie — período em que aparecem a criação de gado e a agricultura, e se aprende a incrementar a produção da natureza por meio de trabalho humano. Civilização — período em que o homem aprende a elaborar os produtos da natureza; é o período da indústria propriamente dita e da arte.

## II. A FAMÍLIA

Morgan, que passou a maior parte de sua vida entre os iroqueses — estabelecidos ainda hoje no estado de Nova York — e foi adotado por uma de suas tribos (a dos senecas), encontrou vigente entre eles um sistema de parentesco em contradição com seus verdadeiros vínculos de família. Reinava ali aquela espécie de casamento, facilmente dissolvível por ambas as partes, chamado por Morgan de "família de um par". A descendência de um casal conjugal dessa espécie era patente e reconhecida por todos; nenhuma dúvida deveria haver quanto a quem usar os apelativos de pai, mãe, filho, filha, irmão, irmã. Mas o uso efetivo dessas expressões contradizia isso. O iroquês chama filhos e filhas não apenas a seus próprios, mas também aos sobrinhos (filhos de seus irmãos), que, por sua vez, também lhe chamam de pai. Pelo contrário, chama de sobrinhos e sobrinhas os filhos de suas irmãs, e estes o chamam de tio. Inversamente, a iroquesa chama de filhos e filhas tanto seus próprios quanto os de suas irmãs, e estes a chamam de mãe. Mas chama de sobrinhos e sobrinhas os filhos de seus irmãos, que a chamam de tia. Do mesmo modo, os filhos de irmãos se chamam entre si de irmãos e irmãs, e o mesmo fazem os filhos das irmãs. Os filhos de uma mulher e os do irmão desta se chamam mutuamente de primos e primas. E não se trata de simples nomes, mas expressão das ideias que eles têm do que é próximo ou distante, do igual ou do desigual no parentesco consanguíneo. São ideias que servem de base a um sistema de parentesco completamente elaborado e capaz de expressar muitas centenas de diferentes relações de parentesco de um só indivíduo. Mais ainda: esse sistema não apenas se encontra em pleno vigor entre todos os indígenas da América (até agora não se encontraram exceções), mas existe, também, quase sem mudança alguma, entre os aborígenes da Índia, as tribos dravídicas do Decão e as tribos dos gauras do Industão. As expressões de parentesco dos tâmeis do sul da Índia e as dos seneca-iroqueses do estado de Nova York ainda hoje coincidem em mais de duzentas relações de parentesco diferentes. E, nessas tribos indianas, como entre os indígenas da América, as relações de parentesco resultantes da vigente forma da família estão em contradição com o sistema de parentesco.

A que se deve esse fenômeno? Se levamos em conta o papel decisivo que a consanguinidade desempenha no regime social entre todos os povos selvagens e bárbaros, a importância de um sistema tão difundido não pode ser explicada com mero palavreado. Um sistema que prevalece em toda a América, que existe na Ásia entre povos de etnia completamente distinta e que em formas mais ou menos modificadas encontra-se por todas as partes da África e da Austrália, requer ser explicado historicamente, e não eliminado discursivamente, como, por exemplo, McLennan[V] intentou fazer. As designações de pai, filho, irmão, irmã não são simples títulos honoríficos, mas, sim, pelo contrário, trazem consigo sérios deveres recíprocos perfeitamente definidos, e cujo conjunto forma uma parte essencial do regime social desses povos. E, de fato, encontrou-se a explicação. Nas ilhas Sandwich (Havaí) havia, ainda na primeira metade deste século, uma forma de família na qual existiam os mesmos pais e mães, irmãos e irmãs, filhos e filhas, tios e tias, sobrinhos e sobrinhas que requer o sistema de parentesco dos indígenas americanos e do indiano antigo. Porém, coisa curiosa, o sistema de parentesco vigente no Havaí tampouco respondia à forma de família ali vigente. Concretamente: nesse país, todos os filhos de irmãos e de irmãs, sem exceção, são irmãos e irmãs entre si e se veem como filhos comuns, não apenas de sua mãe e das irmãs desta ou de seu pai e dos irmãos deste, mas também de todos os irmãos e irmãs de seus pais e mães, sem distinção. Portanto, se o sistema norte-americano de parentesco pressupõe uma forma mais primitiva da família, que já não existe na América do Norte, mas que encontramos ainda no Havaí, o sistema havaiano, por sua vez, remete-nos a uma forma de família ainda mais primitiva, cuja existência atual, de fato, não mais conseguimos encontrar em parte alguma, mas que *deve ter* existido, ou o sistema de parentesco que lhe corresponde não poderia ter existido. Morgan afirma o seguinte:

> A família é o elemento ativo; jamais permanece estacionária, mas passa de uma forma inferior a uma forma superior à medida que a sociedade progride de um grau mais baixo a outro mais alto. Os sistemas de parentesco, pelo contrário, são passivos; só mesmo depois de amplos intervalos de tempo registram os progressos feitos pela família, e sofrem uma modificação radical somente depois que a família mudou radicalmente.[VI.]

"E", Marx acrescenta, "o mesmo sucede, em geral, com os sistemas políticos, jurídicos, religiosos e filosóficos". À medida que a família continua vivendo, o sistema de parentesco se ossifica; e, enquanto este continua de pé pela força do costume, a família cresce para além dele. Mas, pelo sistema de parentesco que chega historicamente até nossos dias, podemos concluir que existiu uma forma de família que se ajustava a seus pressupostos e hoje se encontra extinta, e isso podemos afirmar com a mesma certeza com que Cuvier deduziu, dos ossos de um esqueleto de animal encontrados nas proximidades de Paris, que eles tinham pertencido a um marsupial e que ali outrora tinham vivido marsupiais, agora extintos.

Os sistemas de parentesco e as formas de família a que acabamos de nos referir diferem dos vigentes hoje, uma vez que cada filho ali teria vários pais e mães. No sistema norte-americano de parentesco, ao qual corresponde a família havaiana, um irmão e uma irmã não podem ser pai e mãe de um mesmo filho; mas o sistema de parentesco havaiano pressupõe uma família na qual, pelo contrário, essa é a regra. Temos aqui uma série de formas de família que estão em contradição direta com as admitidas até agora como únicas válidas. A concepção tradicional não conhece mais do que a monogamia, ao lado da poligamia de "um" homem e, talvez, a poliandria de "uma" mulher, mantendo-se em silêncio — como cabe ao filisteu moralizante — com relação ao fato de a práxis ignorar, tacitamente e sem escrúpulos, essas barreiras impostas pela sociedade oficial. Em compensação, o estudo da história primitiva nos revela um estado de coisas em que os homens praticam a poligamia, e, suas mulheres, a poliandria, e em que, por conseguinte, os filhos de uns e outros são considerados comuns. Por sua vez, esse mesmo estado de coisas passa por toda uma série de mudanças até se resolver em monogamia. Essas modificações são de tal espécie que o círculo compreendido na união conjugal comum, e que era muito amplo em sua origem, estreita-se pouco a pouco até que, por fim, vem compreender tão somente o casal isolado, tal como predomina hoje em dia.

Ao reconstituir retrospectivamente a história da família, e em consonância com a maior parte de seus colegas, Morgan chega à conclusão de que existiu um estágio primitivo no qual imperava no seio da tribo a promiscuidade sexual, de modo que cada mulher pertencia igualmente a todos os homens, e cada homem, a todas as mulheres.[5] No século passado já se tinha falado de tal estágio primitivo, mas apenas de maneira geral. Bachofen foi o primeiro — e este é um de seus maiores méritos — que o levou a sério e buscou vestígios nas tradições históricas e religiosas.[VII] Sabemos hoje que os vestígios descobertos por ele não levam a nenhum estado social de promiscuidade sexual, mas a uma forma muito posterior, a saber, o casamento grupal. Esse estágio social primitivo, ainda admitindo que tenha existido realmente, pertence a uma época tão remota que de nenhum modo podemos prometer encontrar provas *diretas* de sua existência nem mesmo nos fósseis sociais, entre os selvagens mais atrasados. Corresponde precisamente a Bachofen o mérito de ter trazido essa questão para o primeiro plano de investigação.[6]

---

5. O texto a seguir, até a seção "1. A família do parentesco de sangue...", é da versão ampliada de 1892 por Engels. Em 1884, tinha-se aqui o seguinte teor: "O descobrimento desse estado originário é o primeiro grande mérito de Bachofen. Desse estado originário é provável que bem cedo se tenha desenvolvido a". (N.E.O.)

6. Bachofen prova quão pouco compreendeu do que descobriu ou adivinhou ao designar esse estágio primitivo com o nome de "heterismo". Quando os gregos introduziram essa palavra em seu idioma, o heterismo significava, para eles, o trato carnal de homens celibatários ou monogâmicos com mulheres não casadas; supõe sempre uma forma definida de casamento, fora da qual se mantém esse comércio sexual incluindo a prostituição, pelo menos já como possibilidade. Essa palavra jamais foi empregada em outro sentido, e assim a emprego eu, e da mesma forma Morgan. Bachofen leva

Nesses últimos tempos virou moda negar esse período inicial na vida sexual do homem. Quer-se apagar essa "vergonha" para a humanidade. E, para tanto, se apoiam não apenas na falta de provas diretas, mas, também, sobretudo, no exemplo do restante do reino animal. A partir deste, Letourneau (*L'évolution du mariage et de la famille* [A evolução do casamento e da família], 1888) compilou um sem-número de fatos com relação aos quais a promiscuidade sexual completa só seria própria das espécies mais inferiores. Porém, de todos esses fatos pude tirar apenas a seguinte conclusão: não provam absolutamente nada com relação ao homem e a suas primitivas condições de existência. O acasalamento por tempo mais longo entre os vertebrados pode ser plenamente explicado por razões fisiológicas; nas aves, por exemplo, deve-se à necessidade de assistir à fêmea enquanto ela choca os ovos; os exemplos de fiel monogamia que se encontram nas aves não provam nada com relação ao homem, visto que este não descende precisamente da ave. E se a estrita monogamia é o cume da virtude, o que dizer da solitária, que em cada um de seus cinquenta a duzentos anéis possui um aparato sexual masculino e feminino completo e passa a sua existência inteira coabitando consigo mesma em cada um de seus anéis reprodutores? Mas, se nos limitarmos aos mamíferos, encontraremos neles todas as formas da vida sexual: a promiscuidade, a união grupal, a poligamia, a monogamia; falta apenas a poliandria, à qual só mesmo os seres humanos poderiam chegar. Até nossos parentes mais próximos, os quadrúpedes, apresentam todas as variedades possíveis de agrupamentos entre machos e fêmeas; se nos encerrarmos em limites ainda mais estreitos e nos restringirmos às quatro espécies de macacos antropoides, Letourneau deles só poderá nos dizer que praticam, em certos momentos, a monogamia, e, em outros, a poligamia; Saussure, por sua vez, segundo Giraud-Telon, declara que eles seriam monogâmicos.[VIII] Também estão longe de provar coisa alguma acerca dos recentes acertos de Westermarck (*The*

---

sempre suas importantíssimas descobertas até um misticismo inacreditável, pois imagina que as relações entre homens e mulheres, ao evoluírem no curso da história, têm sua origem nas ideias religiosas da humanidade em cada época, e não nas condições reais de sua existência. (N.A.)

*History of Human Marriage* [A história do casamento humano]. Londres, 1891) sobre a monogamia do macado antropoide. Em resumo, os dados são de tal natureza que o honrado Letourneau admite que "não há nos mamíferos nenhuma relação entre o grau de desenvolvimento intelectual e a forma da união sexual".[IX]

E Espinas chega a dizer (*Des sociétés animales* [As sociedades animais], 1877):

> A horda é o mais elevado dos grupos sociais que temos podido observar nos animais. Parece composto de famílias, mas, em sua origem, a família e o rebanho são antagônicos; desenvolvem-se em razão inversa uma e outro.[X]

Pelo que acabamos de ver, não sabemos nada de positivo acerca da família e de outros agrupamentos sociais dos macacos antropoides; os dados que possuímos se contradizem diametralmente, e não há que estranhá-lo. Quão contraditórios são e quão necessitados estão de serem examinados e comprovados criticamente até mesmo os dados que possuímos a respeito das tribos humanas em estado selvagem! Pois bem, as sociedades dos macacos são muito mais difíceis de observar que as dos homens. Portanto, até se terem informações mais amplas, devemos rechaçar toda conclusão extraída de dados que não mereçam nenhum crédito.

Já, em contraposição, a passagem de Espinas que acabamos de citar nos proporciona um melhor ponto de apoio. A horda e a família, nos animais superiores, não são complementos recíprocos, mas, sim, fenômenos antagônicos. Espinas descreve muito bem como a rivalidade dos machos durante o período do cio relaxa ou suprime momentaneamente os laços sociais da horda.

> Ali onde a família está intimamente unida, não vemos se formarem hordas, salvo raras exceções. Pelo contrário, as hordas se constituem quase de um modo natural onde reinam a promiscuidade sexual ou a poligamia... Para que se produza a horda, é necessário que os laços familiares tenham se relaxado e que o indivíduo tenha recobrado a sua

liberdade. Por isso é tão raro encontrar hordas nas aves organizadas em bandos... Em compensação, entre os mamíferos, é onde encontramos sociedades mais ou menos organizadas, precisamente porque, nesse caso, o indivíduo não é absorvido pela família... Assim, pois, a consciência coletiva da horda não pode ter em sua origem inimigo maior que a consciência coletiva da família. Não titubeamos em dizer: se se desenvolveu uma sociedade superior à família, isso pode se dever unicamente a que a ela se incorporaram famílias profundamente alteradas, ainda que isso não exclua o fato de que, precisamente por essa razão, tais famílias possam mais adiante se reconstituir sob condições infinitamente mais favoráveis. (Espinas, cap. I, citado por Giraud-Teulon, *Origines du mariage et de la famille, op. cit.*, p. 518-520.)

Como vemos, as sociedades animais têm certo valor para a inferência de conclusões com relação às sociedades humanas, mas somente em sentido negativo. Por tudo o que sabemos, o vertebrado superior conhece apenas duas formas de família: a poligamia e a monogamia. Em ambos os casos, só se admite um macho adulto, *um* marido. Os ciúmes do macho, a um só tempo liame e limite da família, se opõem a essa horda: a horda, uma forma social mais elevada, faz-se impossível em algumas ocasiões, e, em outras, ela se relaxa ou se dissolve durante o período do cio; no melhor dos casos, seu desenvolvimento se vê freado pelo ciúme dos machos. Isso é o suficiente para provar que a família animal e a sociedade humana primitiva são coisas incompatíveis: que os homens primitivos, nas épocas em que lutavam para sair da animalidade, ou não tinham nenhuma noção de família ou conheciam uma forma desta que não se dá entre os animais. Um animal tão indefeso como a criatura que estava se convertendo em homem pôde sobreviver em pequeno número até mesmo numa situação de isolamento, na qual a forma de sociabilidade mais elevada é o casal, forma que, baseando-se em relatos de caçadores, Westermarck atribui ao gorila e ao chimpanzé. Mas, para sair da animalidade, para realizar o maior progresso que conhece a natureza, era necessário outro elemento ainda: substituir a carência de poder defensivo do homem isolado pela união de forças e pela ação comum da horda. Partindo das condições em que vivem hoje os macacos antropoides, seria bem inexplicável o trânsito para a humanidade; esses macacos produzem mais o efeito de linhas colaterais desviadas em fase de extinção e que, em todo caso, encontram-se em processo de decadência. Isso basta para rechaçar todo paralelo entre suas formas de família e as do homem primitivo. A tolerância recíproca entre os machos adultos e a ausência de ciúmes constituíram a primeira condição para que pudessem se formar esses grupos extensos e duradouros, unicamente no seio dos quais podia se operar a transformação do animal em homem. E, com efeito, o que encontramos como forma mais antiga e primitiva da família, cuja existência indubitável é demonstrada pela história e que ainda podemos estudar hoje em algumas partes? O casamento grupal, a forma de casamento em que grupos inteiros de homens e grupos inteiros de mulheres se pertencem reciprocamente e que deixa bem pouca margem para os ciúmes. Além disso, num estágio posterior de desenvolvimento, encontramos a poliandria, forma excepcional, que exclui em ainda maior medida os ciúmes e que, por isso, é desconhecida entre os animais. Porém, como as formas de casamento grupal que conhecemos vêm acompanhadas de condições tão peculiarmente complicadas que nos indicam necessariamente a existência de formas anteriores mais simples das relações sexuais, e, com isso, em última instância, um período de promiscuidade sexual correspondente ao trânsito da animalidade para a humanidade, as referências aos casamentos animais nos levam de novo ao mesmo ponto do qual deveríamos nos afastar de uma vez por todas.

Que significa "trânsito sexual desregrado"? Significa que não existiam os limites proibitivos desse trânsito vigentes hoje ou em uma época anterior. Já temos visto cair as barreiras do ciúme. Se algo se pôde estabelecer de forma irrefutável é que o ciúme é um sentimento que se desenvolveu relativamente tarde. O mesmo se dá com a ideia do incesto. Não só na época primitiva eram marido e mulher o irmão e a irmã; ainda hoje é lícito, em muitos povos, o trânsito sexual entre pais e filhos. Bancroft (*The Native Races of the Pacific States of North America* [As raças nativas dos estados do Pacífico da América do Norte], 1875, v. I) atesta a existência de tais relações entre os caviatos do Estreito de Bering, os cadiacos das proximidades do Alasca e os tineses, no interior da América do Norte britânica; Letourneau reuniu numerosos fatos idênticos entre os indígenas chipeuas, os cucus do Chile, os caraíbas e os carenes do Sudeste Asiático; e isso sem falar nos relatos dos antigos gregos e romanos acerca dos partos, dos persas, dos citas, dos hunos, etc. Antes de descobrir o incesto (porque "é" um descobrimento, e dos mais preciosos), o comércio sexual entre pais e filhos não podia ser mais repugnante do que entre outras pessoas de gerações diferentes, coisa que ocorre em nossos dias, até nos países mais filisteus, sem produzir grande horror. Velhas "donzelas" com mais de 60 anos casam-se, se são ricas o bastante, com homens jovens de seus 30 anos. Mas, se das formas de família mais primitivas que conhecemos despojamos as ideias de incesto que lhes correspondem — ideias que absolutamente diferem das nossas e que, não raro, as contradizem por completo —, vamos parar numa forma de relações carnais que só pode se chamar promiscuidade sexual, no sentido de que ainda não existiam as restrições que apenas mais tarde virão a ser impostas pelo costume. Ocorre que, disso, de modo algum se deduz que, na prática cotidiana, prevalece inevitavelmente a promiscuidade. De modo algum fica excluída a união de casais por um tempo determinado, e assim ocorre, na maioria dos casos, ainda no casamento grupal. E se Westermarck, o último a negar esse estado primitivo, dá o nome de casamento a todo caso em que ambos os sexos convivem até o nascimento de um rebento, pode-se dizer que esse casamento podia muito bem ocorrer nas condições da promiscuidade sexual, sem em nada contradizê-la, isto é, tem-se a ausência de barreiras impostas pelo costume ao trânsito sexual. É verdade que Westermarck parte do ponto de vista de que "a promiscuidade supõe a supressão das inclinações individuais", de modo que "sua forma por excelência é a prostituição".[XI]

Parece-me mais ser impossível se formar a menor ideia das condições primitivas enquanto se olhar para elas pela perspectiva do bordel. Esse ponto será retomado ao abordarmos o casamento grupal.

Segundo Morgan, desse estado primitivo de promiscuidade saíram, provavelmente em época muito recente:

1. A *família consanguínea*, a primeira etapa da família. Aqui, os grupos conjugais se classificam por gerações: todos os avós e avôs, nos limites da família, são maridos e mulheres entre si; o mesmo sucede com seus filhos, isto é, com os pais e as mães; os filhos destes formam, por sua vez, o terceiro círculo de cônjuges comuns; e seus filhos, isto é, os bisnetos dos primeiros, o quarto. Nessa forma de família, os ascendentes e descendentes, os pais e os filhos, são os únicos que estão excluídos entre si dos direitos e dos deveres (poderíamos dizer) do casamento. Irmãos e irmãs, primos e primas em primeiro, segundo e demais graus são todos eles, entre si, irmãos e irmãs, e, *por isso mesmo*, todos eles são maridos e mulheres uns dos outros. O vínculo de irmão e irmã pressupõe, por si só, nesse período, o trânsito carnal recíproco.[7] A configuração típica da família consanguínea, assim, está extinta. Nem mesmo os povos mais rudimentares de que

---

7. Em carta escrita na primavera de 1882,[XII] Marx vale-se dos termos mais ásperos para condenar o falseamento dos tempos primitivos nos *Nibelungos* de Wagner: "Onde já se viu que o irmão abrace a irmã como a uma noiva?"[XIII] A esses "deuses da luxúria" de Wagner, que, ao estilo moderno, tornam mais picantes suas aventuras amorosas com certa dose de incesto, Marx responde: "Nos tempos primitivos, a irmã era esposa, e isso era moral". [Na edição de 1884, a nota de Engels termina aqui. (N.E.O.)]. Um francês amigo meu, grande admirador de Wagner, não está de acordo com a nota anterior, e adverte que já na *Ögisdrecka*, uma das *Eddas* antigas, que serviu de base a Wagner, Loki censura Freya com as seguintes palavras: "Abraçaste o teu próprio irmão diante dos deuses". Daqui parece advir que, naquela época, já estava proibido o casamento entre irmão e irmã. A *Ögisdrecka* é a expressão de um tempo em que estava completamente arruinada a fé nos antigos mitos; constitui-se uma pura sátira aos deuses, ao estilo da de Luciano. Se Loki, representando o papel de Mefistófeles, dirige ali tais palavras a Freya, isso vem a ser mais um argumento contra Wagner. Alguns versos mais adiante, Loki censura também Niördhr: "Com tua irmã procriaste tal filho" *(vidh systur thinni gaztu slikan mög)*.[XIV] Pois bem, Niördhr não é um aesir, mas um vanir, e, na saga dos *Ynglinga*, consta que os casamentos entre irmão e irmã estavam em uso na terra dos vanires, o que não acontecia entre os aesires. Isso tenderia a provar que os vanires eram deuses mais antigos que os aesires.[XV] Em todo caso, Niördhr vive entre os aesires como se fosse um deles, e, desse modo, a *Ögisdrecka* é mais uma prova de que, na época da formação das sagas norueguesas, o casamento entre irmão e irmã não produzia aversão alguma, ao menos entre os deuses. Se se quer desculpar Wagner, em vez de recorrer à *Edda*, talvez seja melhor invocar Goethe, que, na balada *Der Gott und die Bajadere* [O deus e a bailadeira] comete erro análogo quanto ao dever religioso da mulher entregar-se nos templos, rito que Goethe faz se assemelhar demasiadamente à prostituição moderna. (N.A.)

se tem notícia apresentavam algum exemplo indubitável dela. Mas isso nos obriga a reconhecer que o que *deve* ter existido é o sistema de parentesco havaiano, que ainda hoje reina em toda a Polinésia e que expressa graus de parentesco consanguíneos que só puderam surgir com essa forma de família; também nos obriga a reconhecer todo o desenvolvimento posterior da família, que condiciona aquela forma como estado preliminar necessário.

2. A *família punaluana*. Se o primeiro progresso na organização da família consistiu em excluir os pais e os filhos do trânsito sexual recíproco, o segundo esteve na exclusão dos irmãos. Em razão da maior igualdade de idades dos participantes, esse progresso foi infinitamente mais importante, mas também mais difícil que o primeiro. Realizou-se pouco a pouco, começando, provavelmente, pela exclusão dos irmãos uterinos (isto é, de parte da mãe), no princípio em casos isolados, e, logo, gradualmente, como regra geral (no Havaí, ainda havia exceções no atual século), e terminando com a proibição do casamento até entre irmãos colaterais (isto é, segundo nossos atuais nomes de parentesco, os primos carnais, primos segundos e primos terceiros). Esse progresso constitui, segundo Morgan, "uma magnífica ilustração de como atua o princípio da seleção natural".[XVI]

Sem dúvida, as tribos nas quais esse progresso limitou a reprodução consanguínea tiveram de se desenvolver de maneira mais rápida e mais completa do que aquelas em que o casamento entre irmãos e irmãs continuou sendo uma regra e uma obrigação. Até que ponto se fez sentir o efeito desse progresso, demonstra-o a instituição da *gens* nascida diretamente dele, e que foi muito além do que se pretendia. A *gens* formou a base da ordem social da maioria, se não de todos os povos bárbaros da Terra, e, com ela, passamos diretamente para a civilização na Grécia e em Roma.

Cada família inicial teve de se cindir ao cabo de algumas gerações. A economia doméstica do comunismo primitivo, que domina exclusivamente até bem avançado o estágio intermediário da barbárie, prescrevia uma extensão máxima da comunidade familiar, variável segundo as circunstâncias, porém bem determinada em cada localidade. Ocorre que, tão logo nascida, a ideia da impropriedade da união sexual entre filhos da mesma mãe deve ter exercido sua influência na cisão das velhas comunidades domésticas (*Hausgemeinden*) e na formação de outras novas que não coincidiam necessariamente com o grupo de famílias. Um ou mais grupos de irmãs convertiam-se no núcleo de uma comunidade, e seus irmãos carnais, no núcleo de outra. Da família consanguínea saiu, assim ou de uma maneira análoga, a forma de família a que Morgan dá o nome de família punaluana. Segundo o costume havaiano, certo número de irmãs carnais ou mais distantes (isto é, primas em primeiro, segundo e demais graus) eram mulheres comuns de seus maridos comuns, dos quais ficavam excluídos, não obstante, seus próprios irmãos. Esses maridos, de sua parte, já não se chamavam entre si de irmãos, pois já não tinham necessidade de sê-lo, mas, sim, "punalua", isto é, companheiro íntimo, como se diz, *associé*. De igual modo, uma série de irmãos uterinos ou mais distantes tinha em casamento comum certo número de mulheres *não* suas próprias irmãs, e essas mulheres se chamavam entre si "punalua". Esse é o tipo clássico de uma formação da família (*Familienformation*) que, mais tarde, sofreu uma série de variações, e cujo traço característico essencial era a comunidade recíproca de maridos e mulheres no seio de um determinado círculo familiar, do qual foram excluídos, entretanto, no início, os irmãos carnais e, mais tarde, também os irmãos mais distantes das mulheres, ocorrendo o mesmo com as irmãs dos maridos.

Essa forma de família nos indica agora com a mais perfeita exatidão os graus de parentesco, tal como os expressa o sistema americano. Os filhos das irmãs de minha mãe são também filhos desta, como os filhos de irmãs de meu pai o são também deste; e todos eles são irmãos e irmãs meus. Porém, os filhos dos irmãos de minha mãe são sobrinhos e sobrinhas desta, como os filhos das irmãs de meu pai são sobrinhos e sobrinhas deste; e todos eles são primos e primas meus. Com efeito, enquanto os maridos das irmãs de minha mãe são também maridos desta, e de igual modo as mulheres dos irmãos de meu pai são também mulheres deste — de direito, se não sempre de fato —, a proibição pela sociedade do trânsito sexual entre irmãos e irmãs conduziu à divisão dos filhos de irmãos e de irmãs, considerados indistintamente, até então, como irmãos e irmãs, em duas classes: *uns* continuam a ser, como eram antes, irmãos e irmãs (colaterais), *outros* — os filhos de irmãos, em um caso, e os filhos das irmãs, em outro — "não *podem*" mais continuar sendo irmãos e irmãs, não podem ter progenitores comuns, nem o pai, nem a mãe, nem ambos juntos; e, por isso, se faz necessária, pela primeira vez, a classe dos sobrinhos e sobrinhas, dos primos e primas, classe que não teria nenhum sentido no sistema familiar anterior. O sistema de parentesco americano, que parece absurdo em toda família que se encontre, de uma forma ou de outra, na monogamia, explica-se de modo racional e está naturalmente justificado até em seus mais ínfimos detalhes para a família punaluana. A família punaluana, ou qualquer outra forma análoga,[8] deve ter existido, pelo menos na mesma medida em que prevaleceu esse sistema de consanguinidade.

Essa forma da família, cuja existência no Havaí está realmente demonstrada, teria sido provavelmente difundida também em toda a Polinésia se os piedosos missionários, como em seu tempo eram conhecidos os sacerdotes espanhóis na América, tivessem podido ver nessas relações anticristãs algo mais do que uma simples "abominação".[9] Quando César nos diz dos bretões, que na época se encontravam no período intermediário da barbárie, que "cada dez ou doze homens têm mulheres comuns", com a particularidade de que, na maioria dos casos, são irmãos e irmãs e pais e filhos,[XVIII] a melhor explicação que se pode dar para isso é o casamento por grupos.[10] As mães bárbaras não têm dez ou doze filhos em idade de poder sustentar mulheres comuns; mas o sistema americano de parentesco, que corresponde à família

---

8. Na edição de 1884 está faltando "ou uma forma muito semelhante a ela". (N.E.O.)
9. Os resquícios do trânsito sexual sem restrições, que Bachofen crê ter descoberto,[XVII] sua procriação pantanosa (*Sumfzeugung*), conduzem ao casamento grupal, do qual é impossível hoje duvidar. "Se Bachofen tem por 'licenciosos' esses casamentos 'punaluenses', um homem daquela época consideraria a maior parte dos atuais casamentos entre primos próximos ou distantes, pela linha paterna ou por linha materna, tão incestuosos quanto os casamentos entre irmãos consanguíneos" (Marx). (N.A.)
10. Na edição de 1884, em vez de "casamento por grupos", consta "família punaluana". (N.E.O.)

punaluana, fornece grande número de irmãos, considerando que todos os primos carnais ou remotos de um homem são seus irmãos. É possível que "pais com seus filhos" seja um conceito equivocado de César; não obstante, esse sistema não exclui absolutamente que possam se encontrar no mesmo grupo conjugal pai e filho, mãe e filha, mas, sim, que se encontrem aí pai e filha, mãe e filho. Essa forma de casamento por grupos ou outra semelhante[11] proporciona também a mais fácil explicação dos relatos de Heródoto e de outros escritores antigos acerca da comunidade de mulheres nos povos selvagens e bárbaros. O mesmo se pode dizer do que Watson e Kaye contam dos ticuros em Aúde, ao norte do Ganges, em seu livro *The People of India* [O povo da Índia].

> Coabitam [isto é, têm vida sexual] quase sem distinção, em grandes comunidades; e, quando duas pessoas se consideram como marido e mulher, o vínculo que os une é puramente nominal.

Na imensa maioria dos casos, a instituição da *gens* parece ter saído diretamente da família punaluana. Certo é que o sistema de classes australiano[XIX] também representa um ponto de partida para a *gens*: os australianos têm a *gens*, mas ainda não têm família punaluana, e, sim, uma forma mais rudimentar de casamento por grupos.[12]

Em nenhuma forma de família por grupos pode se saber com certeza quem é o pai da criatura, porém se sabe quem é a mãe. Ainda quando esta chama de seus filhos *todos* os da família comum e tem deveres maternais para com eles, nem por isso deixa de distinguir seus próprios filhos entre os demais. Portanto, está claro que, em todas as partes onde existe o casamento grupal, a descendência só pode se estabelecer por linha *materna*, e, por conseguinte, só se reconhece *a linha feminina*. Nesse caso se encontram, com efeito, todos

---

11. Na edição de 1884, está "forma de família" em vez de "forma de casamento por grupos ou outra semelhante". (N.E.O.)
12. Na edição de 1884, está "sua organização, porém, é por demais esparsa para que a levemos em conta", em vez de "e, sim, uma forma mais rudimentar de casamento por grupos". (N.E.O.)

os povos selvagens e todos os que se encontram no estado inferior da barbárie; descobrir isso antes de qualquer outro pesquisador é o segundo grande mérito de Bachofen. Ele designa o reconhecimento exclusivo da filiação pela linha materna e as relações de herança que depois se deduziram dele com o nome de direito materno; conservo essa expressão a título de brevidade. Entretanto, é inexata, porque, nesse estágio da sociedade, ainda não existe direito no sentido jurídico da palavra.

Tomemos agora, na família punaluana, um dos dois grupos típicos, concretamente o de uma série de irmãos carnais e mais ou menos distantes (isto é, descendentes de irmãs carnais em primeiro, segundo e demais graus) com seus filhos e seus irmãos carnais e mais ou menos distantes por linha materna (os quais, segundo a nossa premissa, não são seus maridos), e obteremos exatamente o círculo dos indivíduos que mais adiante aparecerão como membros de uma *gens* na primitiva forma dessa instituição. Todos eles têm por tronco comum uma mãe, e, em virtude dessa origem, os descendentes femininos formam gerações de irmãs. Ocorre que os maridos dessas irmãs já não podem ser seus irmãos; portanto, não podem descender daquele tronco materno e não pertencem a esse grupo consanguíneo, que mais adiante chega a ser a *gens*; seus filhos, porém, pertencem a esse grupo, pois a descendência por linha materna é a única decisiva, por ser a única certa. Enquanto se encontra proibido o trânsito sexual entre os irmãos e irmãs — incluídos os colaterais, mais distantes — por linha materna, também o grupo acima referido se transforma em uma *gens*, isto é, constitui-se como um círculo fechado de parentes consanguíneos pela linha feminina que não podem se casar uns com os outros; esse círculo, a partir desse momento, se consolida cada vez mais por meio de outras instituições comuns, de ordem social e religiosa, que o distinguem das outras *gens* da mesma tribo. Mais adiante voltaremos a nos ocupar dessa questão com mais detalhes. Mas, se considerarmos que a *gens* surge da família punaluana não apenas necessariamente, mas também como coisa natural, teremos fundamento para estimar de forma quase indubitável a existência anterior dessa forma de família em todos os povos em que se possam comprovar instituições gentilícias, isto é, em quase todos os povos bárbaros e civilizados.[13]

Quando Morgan escreveu seu livro, nossos conhecimentos acerca do casamento grupal eram muito limitados. Sabia-se de alguma coisa do casamento por grupos entre os australianos organizados em classes, e, além disso, Morgan tinha publicado, já em 1871, todos os dados que possuía sobre a família punaluana no Havaí.[xx] A família punaluana, por um lado, fornece a explicação completa do sistema de parentesco vigente entre os indígenas americanos e que já tinha sido o ponto de partida de todas as investigações de Morgan; por outro lado, constituía o ponto de partida para deduzir a *gens* de direito materno; por último, estava em um grau de desenvolvimento muito mais alto que as classes australianas. Compreende-se, portanto, que Morgan a tenha concebido como o estágio de desenvolvimento imediatamente anterior ao casamento do par e tenha atribuído sua difusão geral aos tempos primitivos. Desde então, viemos a conhecer outra série de formas de casamento por grupos, e agora sabemos que Morgan foi longe demais nesse ponto. Não obstante, em sua família punaluana, ele teve a sorte de encontrar a forma mais elevada, a forma clássica do casamento por grupos, a forma que explica da maneira mais simples o passo para uma forma superior.

Se as noções que temos do casamento por grupos essencialmente se enriqueceram, isso o devemos sobretudo ao missionário inglês Lorimer Fison, que durante anos estudou essa forma da família em sua terra clássica, a Austrália. Entre os negros australianos do Monte Gambier, no sul da Austrália, foi onde encontrou o grau mais baixo de desenvolvimento. A tribo inteira se divide ali em duas grandes classes: os croquis e os cumites. Encontra-se terminantemente proibido o trânsito sexual no seio de cada uma dessas duas classes; em compensação, todo homem de uma delas é marido nato de toda mulher da outra, e reciprocamente. Não são os indivíduos, mas grupos inteiros que estão casados uns com outros, classe com

---

13. Na edição de 1884, não constam os parágrafos seguintes até "3. Família de um par", que virá a seguir. (N.E.O.)

classe. E note-se que ali não há em nenhuma parte restrições por diferença de idade ou de consanguinidade especial, salvo a condicionada pela divisão em duas classes exógamas. Um croqui tem como direito desposar qualquer mulher cumite; e como sua própria filha, que é filha de uma mulher cumite, é também cumite em virtude do direito materno, também, por isso, é esposa nata de todo croqui, incluído aí seu pai. Em todo caso, a organização por classes, tal como se nos apresenta, não impõe aí nenhum obstáculo. Assim, pois, ou essa organização apareceu em uma época em que, apesar da tendência instintiva de limitar o incesto, não se via ainda nenhum problema nas relações sexuais entre filhos e pais — e então o sistema de classes deve ter nascido diretamente das condições do trânsito sexual sem restrições, ou, pelo contrário, quando se criaram as classes, *estavam* já proibidas por costume as relações sexuais entre pais e filhos, e, então, a situação atual assinala a existência anterior da família consanguínea e constitui o primeiro passo dado para dela sair. Essa última hipótese é a mais verossímil. Até onde eu saiba, não há exemplos de união conjugal entre pais e filhos na Austrália, e, fora isso, a forma posterior da exogamia, que é a *gens* baseada no direito materno, pressupõe tacitamente a proibição desse trânsito como uma coisa que já se encontra dada em sua fundação.

Além de ocorrer na região do Monte Gambier, no sul da Austrália, o sistema de *duas* classes também pode ser encontrado na região do Rio Darling, mais a leste, e em Queensland, no nordeste, de modo que se encontra amplamente disseminado. Esse sistema exclui somente o casamento entre irmãos e irmãs, entre filhos de irmãos e entre filhos de irmãs por linha materna, porque esses pertencem à mesma classe; pelo contrário, os filhos de irmão e de irmã podem se casar entre si. Um novo passo para a proibição do casamento entre consanguíneos observamos entre os camilarois, nas margens do Rio Darling, na Nova Gales do Sul, onde as duas classes originárias cindiram-se em quatro, e onde cada uma dessas quatro classes se casa, inteira, com outra determinada. As duas primeiras classes são esposas natas uma da outra; mas, a depender de a mãe pertencer à primeira ou à segunda, os filhos passam à terceira ou à quarta. Os filhos dessas duas últimas classes, igualmente casados um com o outro, voltam a pertencer à primeira e à segunda classes. De modo que sempre uma geração pertence à primeira e à segunda classes, a seguinte, à terceira e à quarta, e a que vem imediatamente depois, de novo, à primeira e à segunda classes. Deduz-se daqui que filhos de irmão e irmã (por linha materna) não podem ser marido e mulher, mas, sim, podem sê-lo os netos de irmão e irmã. Esse ordenamento complicado se enreda mais ainda, porque mais tarde se enxertam nele as *gentes* baseadas no direito materno; porém, aqui não podemos entrar em detalhes. Observamos, pois, que a tendência a impedir o casamento entre os consanguíneos manifesta-se uma e outra vez, mas sempre de modo natural e experimental, sem consciência clara de aonde pretende chegar.

O casamento por grupos, que na Austrália é ainda um casamento por classes — a união conjugal em massa de toda uma classe de homens, espargida por todo o continente, com uma inteira classe de mulheres mais ou menos disseminada —, visto de perto não é tão monstruoso como se representa a fantasia filisteia, acostumada à prostituição. Pelo contrário, transcorreram muitíssimos anos até que se tivesse alguma noção de sua existência, esta que, por certo, de novo foi posta em dúvida há não muito tempo. Aos olhos do observador superficial, apresenta-se como uma monogamia de vínculos muito frágeis e, em alguns lugares, como uma poligamia acompanhada de fidelidade ocasional. Há de se consagrar a isso anos de estudo, como o fizeram Fison e Howitt, para descobrir nessas relações conjugais (que em sua práxis parecerá um tanto familiar ao europeu comum) a lei em virtude da qual os negros australianos, mesmo que a milhares de quilômetros de seus lares, nem por isso deixam de encontrar, entre gente cuja linguagem não compreendem — e não raro em cada acampamento, em cada tribo —, mulheres que se entregam a eles voluntariamente, sem resistência. Em virtude dessa lei, quem tem várias mulheres cede uma delas a seu hóspede para a noite. Ali onde o europeu vê imoralidade e falta de toda lei, reina, de fato, uma lei rigorosa. As mulheres pertencem à classe conjugal do forasteiro e, por conseguinte, são suas esposas natas; a mesma lei moral que destina um à outra proíbe, sob pena de infâmia, todo trânsito sexual fora das classes conjugais que se pertencem reciprocamente. Mesmo ali onde se pratica o rapto das mulheres, que ocorre com frequência, e em algumas regiões é regra geral, mantém-se escrupulosamente a lei das classes.

No rapto das mulheres já se encontram indícios da passagem para a monogamia, ao menos na forma do casamento do par; quando um jovem, com a ajuda de seus amigos, arrebata por rapto ou por sequestro uma jovem, esta é sexualmente usada por todos eles, em série, mas depois ela é considerada esposa daquele que organizou o rapto. Ao contrário, se a mulher roubada foge da casa do marido e é recolhida por outro, faz-se esposa deste último, e o primeiro perde as prerrogativas. Ao lado e no seio do casamento por grupos, que, em geral, continua a existir, encontram-se, pois, relações exclusivistas, uniões por casais, com um prazo mais ou menos longo, e também a poligamia; de modo que também aqui o casamento grupal vai se extinguindo, e a questão é reduzida a quem, sob a influência europeia, desaparecerá da cena antes: o casamento grupal ou os negros australianos que o praticam.

O casamento por classes inteiras, tal como vigente na Austrália, é, em todo caso, uma forma muito atrasada e muito primitiva de casamento grupal, enquanto a família punaluana, até onde sabemos, constitui seu grau supremo de desenvolvimento. O primeiro parece ser a forma correspondente ao estado social dos selvagens errantes; a segunda já supõe o estabelecimento fixo de comunidades comunistas e conduz diretamente ao grau imediato superior de desenvolvimento. Entre essas duas formas de casamento teremos, ainda, estágios intermediários; esse é um campo de investigações que acaba de ser inaugurado e que até agora mal foi pisado.

3. *A família de um par.* No regime de casamento por grupos, ou talvez antes, já se formavam pares para um tempo mais ou menos longo; entre suas várias mulheres, o homem tinha uma principal (ainda não se pode dizer que seria uma favorita), e este era para ela o marido principal entre todos os demais. Essa circunstância não contribuiu pouco para a confusão produzida na mente dos missionários,

estes que no casamento por grupos[14] viam ora uma comunidade promíscua das mulheres, ora um adultério arbitrário. Mas, conforme se desenvolvia a *gens* e faziam-se mais numerosas as classes de "irmãos" e de "irmãs", entre os quais agora era impossível o casamento, essa união conjugal por casais, baseada no costume, foi sendo consolidada. Levou as coisas ainda mais longe o impulso dado pela *gens* à proibição do matrimônio entre parentes consanguíneos. Assim vemos que, entre os iroqueses e entre a maioria dos demais indígenas do estado inferior da barbárie, está proibido o casamento entre "todos" os parentes que fazem parte de seu sistema, e neste há algumas centenas de parentescos diferentes. Com essa crescente complicação das proibições do casamento tornaram-se cada vez mais impossíveis as uniões por grupos, que foram sendo substituídas pela *família de um par*. Nessa etapa, um homem vive com uma mulher, porém de tal modo que a poligamia e a infidelidade ocasional continuem a ser um direito para os homens, ainda que, por causas econômicas, a poligamia raramente seja observada. Ao mesmo tempo, exige a mais estrita fidelidade das mulheres enquanto durar a vida comum, e seu adultério é cruelmente castigado. Não obstante, o vínculo conjugal se dissolve com facilidade por uma e outra parte, e, depois, como antes, os filhos pertencem tão somente à mãe.

A seleção natural continua trabalhando nessa exclusão cada vez mais ampliada dos parentes consanguíneos do laço conjugal. Segundo Morgan:

> O matrimônio entre *gentes* não consanguíneas engendrava uma raça mais forte, tanto no aspecto físico como no mental; mesclavam-se duas tribos avançadas, e os novos crânios e cérebros cresciam naturalmente até que compreendessem as capacidades de *ambas* as tribos.[XXI]

As tribos que tinham adotado o regime das *gens* predominavam sobre as atrasadas ou as arrastavam pelo exemplo.

---

14. Na edição de 1884, consta "família punaluana" em vez de "casamento por grupos". (N.E.O.)

Portanto, o desenvolvimento da família nos tempos pré-históricos consiste num constante estreitamento do círculo abrangente em cujo seio prevalece a comunidade conjugal entre os dois sexos, círculo que, em sua origem, abarcava a tribo inteira. A exclusão progressiva, primeiro dos parentes próximos, depois dos distantes e, finalmente, das pessoas meramente vinculadas por aliança, torna impossível, na prática, todo casamento por grupos; em última instância, fica tão somente o par, unido por vínculos ainda frágeis, constituindo uma molécula cuja dissolução faz o casamento como tal deixar de existir. Isso prova o quão pouco se relaciona a origem da monogamia com o amor sexual individual, na atual acepção da palavra. Prova ainda melhor disso é a prática de todos os povos que se encontram nesse estágio de desenvolvimento. Enquanto, nas formas anteriores da família, os homens nunca passavam apuros para encontrar mulheres, mas as tinham em mais quantidade do que em número suficiente, agora, as mulheres escasseavam e era preciso buscá-las. Por isso, com o casamento de um par iniciam-se o rapto e a compra das mulheres, *sintomas* muito difundidos, mas nada mais do que sintomas, de uma mudança muito mais profunda que se tinha efetuado. McLennan, o escocês pedante, pela arte de sua fantasia transformou esses sintomas, que não são mais do que simples métodos de adquirir mulheres, em distintas classes de famílias, sob a forma de "casamento por rapto" e "casamento por compra". Além disso, entre os indígenas da América e em outras partes (no mesmo estágio), contrair casamento não é incumbência dos interessados — os quais com frequência nem ao menos são consultados — mas, sim, de suas mães. Muitas vezes, dois seres inteiramente desconhecidos são prometidos um ao outro em casamento e inteirados do negócio já fechado quando o momento de se casarem está próximo. Antes da boda, o futuro marido dá presentes aos parentes gentílicos da prometida (isto é, aos parentes por parte da mãe desta, e não ao pai nem aos parentes deste). Esses presentes são considerados como o preço pelo qual o homem compra a jovem núbil que é cedida. O casamento se mantém dissolvível pela vontade de cada um dos cônjuges; entretanto, em numerosas tribos, por exemplo, entre os iroqueses, pouco a pouco se formou uma opinião pública hostil a essas rupturas. No caso de haver disputas entre os cônjuges, os parentes gentílicos de cada parte atuam como intermediários, e, se essa intermediação não surte efeito, leva-se a cabo a separação, permanecendo os filhos com a mulher, e cada uma das partes está livre para se casar novamente.

A família de um par, por demais débil e inconstante para tornar necessária ou apenas desejável uma economia doméstica própria, não suprime de modo algum a economia doméstica comunista tradicional da época anterior. Mas a economia doméstica comunista significa predomínio da mulher na casa, o mesmo que o reconhecimento exclusivo de uma mãe natural, na impossibilidade de se conhecer com certeza o pai natural, o que significa uma profunda valoração das mulheres, isto é, das mães. Uma das ideias mais absurdas que nos foram transmitidas pela época da Ilustração do século XVIII é a opinião de que, na origem da sociedade, a mulher foi escrava do homem. Entre todos os selvagens e todas as tribos que se encontram nos estágios inferior, médio e, em parte, até o superior da barbárie, a mulher não apenas é livre, mas também é objeto de muita consideração. Arthur Wright, durante muitos anos missionário entre os seneca-iroqueses, pode atestar que ainda é essa situação da mulher no casamento de um par. Ele afirma:

> Com respeito a suas famílias, na época em que ainda viviam nas antigas casas grandes (domicílios comunistas de mais famílias) (...) predominava sempre ali um clã (uma *gens*), e as mulheres tomavam seus maridos em outros clãs (*gens*) (...) Via de regra, as mulheres governavam a casa; as provisões eram comuns, mas infeliz do pobre marido ou amante que fosse demasiado preguiçoso ou desajeitado na hora de trazer suas provisões para a comunidade. Por mais filhos ou posses na casa que ele tivesse, a qualquer momento poderia esperar a ordem de arrumar as trouxas e escafeder-se. E era inútil intentar opor resistência, porque a casa se convertia para ele num inferno; não lhe restava remédio senão voltar a seu próprio clã (*gens*)

ou, o que poderia acontecer com mais frequência, contrair um novo casamento em outro. As mulheres constituíam-se na grande força dentro dos clãs (*gens*), o mesmo que em toda parte. Se fosse o caso, não vacilavam em destituir um chefe e degradarem-lhe à condição de simples guerreiro.[XXII]

A economia doméstica comunista, em que a maioria, se não a totalidade, das mulheres é de uma mesma *gens*, enquanto os homens pertencem a outras distintas, é a base efetiva daquela preponderância das mulheres que, nos tempos primitivos, esteve difundida por todas as partes e cujo descobrimento é o terceiro mérito de Bachofen. Posso acrescentar que os relatos dos viajantes e dos missionários acerca do excessivo trabalho das mulheres entre os selvagens e os bárbaros de modo algum estão em contradição com o que acabo de dizer. A divisão do trabalho entre os dois sexos depende de outras causas que nada têm a ver com a posição da mulher na sociedade. Povos nos quais as mulheres se veem obrigadas a trabalhar muito mais do que, segundo nossa ideia, lhes é devido, via de regra, têm muito mais consideração real para com elas que nossos povos europeus. A dama da civilização, rodeada de aparentes homenagens, estranha a todo trabalho efetivo, tem uma posição social muito inferior à da mulher no estágio da barbárie, que trabalhava pesado e que, em seu povo, era tida como verdadeira dama (*lady, frowa, frau* = "senhora"), e isso também por seu próprio caráter.

Novas investigações acerca dos povos do noroeste, e sobretudo do sul da América, que ainda se encontram no estágio selvagem superior, deverão nos dizer se o casamento por um par substituiu ou não por completo hoje na América o casamento por grupos.[15] Com relação aos sul-americanos, são referidos tão variados exemplos de licenciosidade sexual que se torna difícil admitir o desaparecimento completo do antigo casamento por grupos.[16] Em todo caso, ainda

---

15. Na edição de 1884, está "família punaluana" em vez de "casamento por grupos". (N.E.O.)
16. Na edição de 1884, não há o último enunciado. (N.E.O.)

não desapareceram todos os vestígios. Pelo menos, em quarenta tribos da América do Norte, o homem que se casa com a irmã mais velha tem direito a tomar por mulheres, igualmente, todas as suas irmãs, quando estas chegam à idade requerida. Isso é um vestígio da comunidade de maridos para todo um grupo de irmãs. Dos habitantes da península da Califórnia (estágio selvagem superior), conta Bancroft que há certas festividades em que se reúnem várias "tribos" para praticar o trânsito sexual mais promíscuo.[XXIII] Com toda a evidência, são *gentes* que nessas festas conservam uma obscura recordação do tempo em que as mulheres de *uma gens* tinham por maridos comuns todos os homens de outra, e vice-versa.[17] O mesmo costume impera ainda na Austrália. É sabido que, em alguns povos, os antigos, os chefes e os feiticeiros sacerdotes praticam, em proveito próprio, a comunidade de mulheres e monopolizam a maior parte dessas mulheres. Mas, em compensação, durante certas festas e grandes assembleias populares, estão obrigados a admitir a antiga posse comum e a permitir a suas mulheres que se deliciem com homens mais jovens. Westermarck (p. 28 e 29) traz uma série de exemplos de saturnálias periódicas desse gênero,[XXIV] nas quais a antiga liberdade de trânsito sexual recupera o vigor por breve período: entre os hos, os santalas, os pamchas e os cotaros da Índia, em alguns povos africanos, etc. De modo estranho, Westermarck deduz que esses fatos constituíam resquícios, não do casamento por grupos, isto que ele nega, mas do período do cio, que o ser humano primitivo tivera em comum com os animais.

Chegamos agora à quarta grande descoberta de Bachofen: a da grande difusão da forma da passagem do casamento por grupos ao casamento por um par. O que Bachofen representa como uma penitência pela transgressão dos antigos mandamentos dos deuses, como uma penitência imposta à mulher para comprar seu direito à

---

17. Em 1884, o teor era o seguinte: "Vestígios análogos do mundo antigo são bem conhecidos, desde a entrega de meninas fenícias no templo por ocasião das festividades de Astarte até o direito medieval à primeira noite, este que, apesar das depurações pelo neorromantismo alemão, teve uma existência bastante concreta, sendo uma porção da família punaluana supostamente legada pela *gens* (pelo clã) celta". (N.E.O.)

castidade, mais não é, em suma, do que a expressão mística do resgate por meio do qual a mulher se livra da antiga comunidade de maridos e adquire o direito de não se entregar mais que a *um* único. Esse resgate consiste em deixar-se possuir em determinado período: as mulheres babilônicas estavam obrigadas a entregar-se uma vez ao ano no templo de Milita; outros povos da Ásia Menor enviavam suas filhas ao templo de Anaitis, onde, durante anos inteiros, deveriam entregar-se ao amor livre com favoritos escolhidos por elas antes que fosse permitido a elas o casamento; em quase todos os povos asiáticos entre o Mediterrâneo e o Ganges há usos semelhantes, disfarçados de costumes religiosos. O sacrifício expiatório pelo resgate faz-se cada vez mais leve com o tempo, como observa Bachofen:

> A oferenda, repetida a cada ano, cede o lugar a um sacrifício feito uma única vez; ao heterismo das matronas segue-se o das jovens solteiras; o exercício durante o matrimônio cede lugar ao exercício antes dele; em lugar de abandonar-se a todos, sem ter direito de escolher, a mulher se entrega somente a certas pessoas. (*Mutterrecht*, p. XIX)

Em outros povos não existe esse disfarce religioso; em alguns — os trácios, os celtas, etc.; na Antiguidade, em grande número, os aborígenes da Índia; nos povos malaios, nos insulares da Oceania e entre muitos indígenas americanos hoje em dia — as jovens gozam da maior liberdade sexual até se casar. Assim sucede sobretudo na América do Sul, como podem atestar os que se embrenharam um tanto por seu interior. Agassiz (*A Journey in Brazil* [Uma viagem pelo Brasil]. Boston e Nova York, 1886, p. 266) diz que, tendo conhecido a filha da casa de uma rica família de procedência indígena, perguntou pelo pai dela, supondo que este fosse o marido da mãe, oficial do exército em guerra contra o Paraguai; porém, a mãe disse sorrindo: *Não tem pai, é filha da fortuna.*

> As mulheres índias ou mestiças falam sempre nesse tom, sem vergonha nem censura, de seus filhos ilegítimos; e esta é a regra, enquanto o contrário parece ser a exceção. Os filhos não raro conhecem apenas a

mãe, porque todos os cuidados e toda a responsabilidade recaem sobre ela; nada sabem acerca do pai, e tampouco parece que a mulher alguma vez tivesse a ideia de que ela ou seus filhos pudessem ter alguma pretensão de direito a ele.

O que parece passível de pasmar o homem civilizado é simplesmente a regra no matriarcado e no casamento por grupos.

Em outros povos, os amigos e parentes do noivo ou os convidados para o casamento exercem com a noiva, durante as próprias núpcias, o direito à noiva adquirido por uso imemorial, e ao noivo só chega a vez como o último de todos: assim sucedia nas ilhas Baleares e entre os augilas africanos na Antiguidade, e assim sucede ainda entre os bareas na Abissínia. Em outros povos, ainda, um personagem oficial, seja chefe da tribo ou da *gens*, cacique, xamã, sacerdote ou príncipe, é quem representa a coletividade e exerce na desposada o direito da primeira noite (*ius primae noctis*). Apesar de todos os esforços neorromânticos para contestá-lo, esse *ius primae noctis* existe hoje ainda como relíquia do casamento por grupos entre a maioria dos habitantes do território do Alasca (Bancroft, *Native Races*, v. 1, p. 81), entre os tahus do norte do México (*ibidem*, p. 584) e entre outros povos; e existiu durante toda a Idade Média, pelo menos nos países de origem celta, onde adveio diretamente do casamento por grupos, em Aragão, por exemplo. Enquanto em Castela o camponês nunca foi servo, a servidão mais abjeta reinou em Aragão até a sentença arbitral de Fernando, o Católico, de 1486,[XXV] onde consta:

> Julgamos e falamos que os senhores (*senyors*, barões) acima referidos não poderão tampouco passar a primeira noite com a mulher desposada por um camponês, tampouco poderão, durante a noite de núpcias, depois que a mulher houver se recolhido ao leito, ir para cima do leito ou da mulher, em sinal de soberania sobre ela; tampouco poderão os supracitados senhores servir-se das filhas ou dos filhos dos camponeses contra a vontade deles, com ou sem pagamento. (Citado, segundo o texto original em catalão, por Sugenheim, *Leibeigenschaft* [Servidão]. Petersburgo, 1861, p. 35.)

Aparte isso, Bachofen tem razão evidente quando afirma que a passagem do que ele chama de "heterismo" ou "procriação pantanosa" [*Sumpfzeugung*] à monogamia realizou-se essencialmente graças às mulheres. Quanto mais perdiam as antigas relações sexuais seu cândido caráter primitivo selvático, por causa do desenvolvimento das condições econômicas e, por conseguinte, por causa da decomposição do antigo comunismo e em razão da densidade, cada vez maior, da população, mais envilecedoras e opressivas tiveram de parecer essas relações para as mulheres, e com maior força estas tiveram de desejar, como libertação, o direito à castidade, o direito ao casamento temporal ou definitivo com um único homem. Esse progresso não podia sair do homem, pela simples razão, sem buscar outras, de que nunca, nem ainda em nossa época, passou-lhe pela mente a ideia de renunciar aos gozos do casamento efetivo por grupos. Só mesmo depois de efetuada pela mulher a transição para o casamento do par foi que os homens puderam introduzir a monogamia estrita, evidentemente que só para as mulheres.

A família de um par aparece no limite entre o estado selvagem e a barbárie, o mais das vezes no estágio superior do primeiro e só aqui e ali no estágio inferior da segunda. É a forma da família característica da barbárie, como o casamento por grupos o é do estado selvagem, e a monogamia o é da civilização. Para que a família por um par evoluísse até chegar a uma monogamia estável, foram necessárias causas diversas daquelas cuja ação temos estudado até aqui. Na família de um par, o grupo já tinha se reduzido a sua unidade última, a sua molécula biatômica: a um homem e a uma mulher. O cultivo natural tinha realizado sua obra reduzindo-se cada vez mais a comunidade dos matrimônios; nada lhe restava fazer nesse sentido. Portanto, se não tivessem entrado em jogo novas forças motrizes de *ordem social*, não teria havido nenhuma razão para que da família de um par nascesse outra nova forma de família. Ocorre que entraram em jogo novas forças motrizes.

Deixemos agora a América, terra clássica da família de um par. Nenhum indício permite afirmar que nela se tenha desenvolvido uma forma de família mais perfeita, que tenha existido ali uma monogamia estável em algum tempo e lugar antes do descobrimento e da conquista. O contrário sucedeu no Velho Mundo.

Aqui a domesticação de animais e a criação de gado desenvolveram mananciais de riqueza desconhecidos até então, criando relações sociais inteiramente novas. Até o estágio inferior da barbárie, a riqueza duradoura se limitava pouco mais ou menos à habitação, às vestimentas, aos adornos primitivos e às ferramentas necessárias para obter e preparar os alimentos: o barco, as armas, os utensílios caseiros mais simples. O alimento devia ser obtido novamente a cada dia. Agora, com suas manadas de cavalos, camelos, asnos, bois, carneiros, cabras e porcos, os povos pastores, que estavam ganhando terreno (os arianos na Terra dos Cinco Rios e no vale do Ganges, assim como nas estepes dos rios Oxo e Jaxartes, à época ainda esplendidamente irrigadas, e os semitas no Eufrates e no Tigre), tinham adquirido riquezas que necessitavam tão somente de vigilância e dos cuidados mais primitivos para se reproduzir numa proporção cada vez maior e oferecer abundantíssima alimentação em carne e leite. Desde então, foram relegados a segundo plano todos os meios anteriormente empregados; a casa, que em outros tempos era uma necessidade, virava agora um luxo.

Mas a quem pertencia essa nova riqueza? Não há dúvida alguma de que, em sua origem, à *gens*. Mas, sem demora, veio a se desenvolver a propriedade privada dos rebanhos. É difícil dizer se o autor do chamado primeiro livro de Moisés considerava o patriarca Abraão o proprietário de seus rebanhos por direito próprio — como chefe de uma comunidade familiar ou em virtude de seu caráter de chefe hereditário de uma *gens*. Seja como for, o certo é que não devemos imaginá-lo como proprietário no sentido moderno do termo. Também é indubitável que, nos umbrais da história autêntica, encontramos já em toda a parte os rebanhos como propriedade específica[18] dos chefes de família, com o mesmo título de propriedade que os produtos da arte da barbárie,

---

18. Na edição de 1884, consta "propriedade privada" em vez de "propriedade específica". (N.E.O.)

os utensílios de metal, os objetos de luxo e, finalmente, o gado humano, os escravizados.

Pois ali a escravidão já tinha sido inventada. O escravizado não tinha valor algum para os bárbaros do estado inferior. Por isso os indígenas americanos trabalhavam com seus inimigos vencidos de maneira muito diferente de como se fazia no estado superior. Os homens eram mortos, ou a tribo vencedora os tomava como irmãos; as mulheres eram tomadas como esposas ou adotadas, com seus filhos sobreviventes, de alguma outra forma. Nesse estágio, a força de trabalho do homem ainda não produz excedente apreciável sobre seus custos de subsistência. Mas, ao introduzir-se a criação de gado, a elaboração dos metais, a tecelagem e, por último, a agricultura, as coisas tomaram outro aspecto. Sobretudo desde o momento em que os rebanhos passaram definitivamente a ser propriedade da família,[19] com a força de trabalho passou-se o mesmo que tinha passado com as esposas, antes tão fáceis de adquirir e que agora tinham seu valor de troca[20] e eram compradas. A família não se multiplica com tanta rapidez quanto o gado. Agora demandavam-se mais pessoas para a custódia deste; para tanto se poderia utilizar o prisioneiro de guerra, que, ademais, podia bem se multiplicar, da mesma forma que o gado.

Essas riquezas, convertidas todas em propriedade privada das famílias,[21] e aumentadas depois rapidamente, acertaram um duro golpe na sociedade fundada no casamento do par e na *gens* baseada no matriarcado. O casamento do par tinha introduzido na família um elemento novo. Junto à mãe natural havia o pai natural, provavelmente mais autêntico do que muitos "pais" de nossos dias. Com relação à divisão do trabalho na família de então, correspondia ao homem procurar a alimentação e os instrumentos de trabalho necessários para tal; por conseguinte, era, por direito, o proprietário dos referidos instrumentos, e, em caso de separação, os levava consigo,

---

19. Na edição de 1884, utilizou-se "propriedade privada" em vez de "propriedade da família". (N.E.O.)
20. Na edição de 1884, em vez de "as esposas, antes tão fáceis de adquirir e que agora tinham seu valor de troca", consta "muitas esposas agora têm valor". (N.E.O.)
21. Na edição de 1884, não há "das famílias". (N.E.O.)

assim como a mulher conservava seus utensílios domésticos. Portanto, segundo os usos daquela sociedade, o homem era igualmente proprietário do novo manancial de alimentação, o gado, e, mais adiante, do novo instrumento de trabalho, o escravo. Mas, segundo os usos daquela mesma sociedade, seus filhos não podiam herdá-los dele, porque, quanto a isso, as coisas eram como segue.

Segundo o direito materno, isto é, enquanto a descendência só se contava por linha feminina, e segundo a primitiva lei de herança imperante na *gens*, os membros gentílicos desta herdavam o princípio de seu parente gentílico falecido. Seus bens deveriam ficar, pois, na *gens*. Por efeito de sua pouca importância, é possível que esses bens tenham desde sempre passado para os parentes gentílicos mais próximos, que são os parentes consanguíneos por linha materna. Porém, os filhos do morto não pertenciam a sua *gens*, mas à da mãe; no início, herdavam da mãe, com os demais consanguíneos desta; mais tarde, provavelmente, foram seus primeiros herdeiros, mas não podiam sê-lo de seu pai, porque não pertenciam à *gens* dele, na qual deviam permanecer os bens do pai. Assim, com a morte do proprietário de rebanhos, estes passam, em primeiro lugar, a seus irmãos e irmãs, e aos filhos e filhas desses últimos ou aos descendentes das irmãs de sua mãe; quanto a seus próprios filhos e filhas, não recebiam herança.

Assim, pois, à medida que iam aumentando, as riquezas davam, por um lado, ao homem uma posição mais importante que à mulher na família, e, por outro, faziam nascer nele a aspiração de se valer dessa vantagem para modificar em proveito dos filhos a ordem de herança estabelecida. Mas isso não podia se fazer enquanto se mantivesse vigente a filiação segundo o direito materno. Este tinha de ser abolido, o que ocorreu. E não foi tão difícil quanto hoje nos parece. Essa revolução — uma das mais profundas que a humanidade já conheceu — não teve necessidade de tocar nem em um único dos membros vivos da *gens*. Todos os membros desta puderam continuar sendo o que até então tinham sido. Bastou tomar a simples resolução de que os descendentes de um membro masculino permaneceriam na *gens*, porém os de um membro feminino sairiam dela, passando para a *gens* de seu pai. Assim ficaram abolidas a filiação feminina e o direito hereditário materno, sendo substituídos pela filiação masculina e pelo direito hereditário paterno. Nada sabemos com relação a como e quando se produziu essa revolução nos povos aculturados, pois isso remonta aos tempos pré-históricos. Porém, os dados reunidos, sobretudo por Bachofen, sobre os numerosos vestígios do direito materno demonstram plenamente que essa revolução, *de fato*, se produziu; e isso é verificado com facilidade, pois o vemos se dando em muitas tribos indígenas onde acaba de se efetuar ou está se efetuando, em parte pelo influxo do incremento das riquezas e pela mudança de modo de vida (emigração dos bosques para as pradarias) e, em parte, pela influência moral da civilização e dos missionários. De oito tribos do Missouri, em seis prevalecem a filiação e a ordem de herança masculinas, e, em outras duas, as femininas. Entre os *schawnees*, os *miamies* e os *delawares* se introduziu o costume de dar aos filhos o nome gentílico pertencente à *gens* paterna, para fazê-los passar a esta com o fim de que possam herdar de seu pai. "Casuística inata do ser humano, a de mudar as coisas mudando seus nomes! E encontrar formas escusas de romper com a tradição sem sair dela, em todas as partes onde um interesse direto dá um impulso suficiente para isso" (Marx). Resultou daí uma espantosa confusão, a que só podia se remediar — e foi em parte remediada — com a passagem para o patriarcado. "Essa parece ser a transição mais natural" (Marx). Acerca do que os especialistas em direito comparado podem nos dizer sobre o modo como se operou essa transição nos povos civilizados do mundo antigo — quase tudo é hipótese —, veja-se Kovalevski, *Tableau des origines et de l'évolution de la famille et de la propriété* [Quadro das origens e da evolução da família e da propriedade]. Estocolmo, 1890.[22]

A derrocada do direito materno foi a *grande derrota histórica do sexo feminino em todo o mundo*. O homem assumiu o comando também da casa; a mulher se viu degradada, convertida em servidora, em escrava da luxúria do homem, num simples instrumento de reprodução. Essa baixa condição da mulher, que se manifesta sobretudo entre os gregos dos tempos heroicos, e mais ainda nos tempos

---

22. Na edição de 1884, não há o último enunciado. (N.E.O.)

clássicos, foi gradualmente retocada, dissimulada e, em certos lugares, até mesmo revista, assumindo formas mais suaves, mas de modo algum foi abolida.

O primeiro efeito do recém-fundado poder exclusivo dos homens, observamo-lo na forma intermediária da família patriarcal surgida naquele momento. O que caracteriza essa família, sobretudo, não é a poligamia, da qual logo falaremos, mas sim a

> (...) organização de certo número de indivíduos, livres e não livres, em uma família submetida ao poder paterno de seu chefe. Na forma semítica, esse chefe de família vive em plena poligamia, os escravizados têm uma mulher e filhos, e o objetivo da organização inteira é cuidar dos rebanhos em uma área determinada.[XXVI]

Os traços essenciais são a incorporação dos escravizados e o poder paterno; por isso, a família romana é o tipo acabado dessa forma de família. Em sua origem, a palavra "família" não significava o ideal, mescla de sentimentalismos e de dissensões domésticas, do filisteu de nossa época; no início, entre os romanos, nem sequer se aplica ao casal conjugal e a seus filhos, mas tão somente aos escravizados. *Famulus* quer dizer "escravo doméstico", e "família" é o conjunto dos escravizados pertencentes a um mesmo homem. Nos tempos de Gaio, "a família", *id est patrimonium* (família, isto é, "a herança") se transmitia ainda por testamento. Essa expressão, inventaram-na os romanos para designar um novo organismo social, cujo chefe tinha sob seu poder a mulher, os filhos e um certo número de escravizados, com o poder paterno romano e o direito de vida e morte sobre todos eles. "A palavra não é, pois, mais antiga que o férreo sistema de família das tribos latinas, que nasceu ao introduzir-se a agricultura e a escravidão legal e depois da cisão entre os itálicos arianos e os gregos."[XXVII]

E Marx acrescenta:

> A família moderna contém um germe, não apenas a escravidão (*servitus*), mas também a servidão, e desde o início guarda relação com o

serviço na agricultura. Encerra, *in miniature*, todos os antagonismos que se desenvolvem mais adiante na sociedade e em seu Estado.

Essa forma de família assinala a passagem do casamento de um par para a monogamia. Para garantir a fidelidade da mulher e, por conseguinte, a paternidade dos filhos, a mulher é entregue sem reservas ao poder do homem: quando este a mata, mais não faz do que exercer o seu direito.[23]

Com a família patriarcal, entramos nos domínios da história escrita, em que a ciência do direito comparado nos pode prestar um grande auxílio. E, com efeito, essa ciência nos permitiu aqui fazer importantes progressos. A Maxim Kovalevski (*Tableau des origines et de l'évolution de la famille et de la propriété*. Estocolmo, 1890, p. 60-100) devemos a ideia de que a comunidade familiar patriarcal, como existe ainda entre os sérvios e búlgaros com o nome de *zádruga* (que pode se traduzir mais ou menos como "confraternidade") ou *bratswo* ("irmandade"), e sob uma forma modificada entre os orientais, constituiu o estado de transição entre a família de direito materno, fruto do casamento por grupos, e a monogamia moderna. Isso parece provado, ao menos quanto aos povos civilizados do mundo antigo, os arianos e os semitas.

A *zádruga* dos eslavos do sul constitui o melhor exemplo, existente ainda hoje, de uma comunidade familiar desse tipo. Abarca muitas gerações de descendentes de um mesmo pai, os quais vivem juntos, com suas mulheres, sob o mesmo teto; cultivam suas terras em comum, alimentam-se e se vestem de um fundo comum e possuem em comum o que sobra dos produtos. A comunidade está sujeita à administração superior do dono da casa (*domačin*), que é quem a representa diante do mundo exterior, tem o direito de vender objetos de pouco valor, controla o dinheiro e é responsável por ele, bem como pela administração ordinária dos negócios. É eleito, e não precisa para tanto ser o de mais idade. As mulheres e seu trabalho estão sob a direção da dona da casa (*domačica*), que tem de ser a mulher do *domačin*. Esta

---

23. Na edição de 1884, não consta o texto seguinte até o parágrafo que se inicia com "Antes de passarmos à monogamia...". (N.E.O.)

tem também voz, muitas vezes decisiva, quando se trata de escolher marido para jovens solteiras. Mas o poder supremo pertence ao conselho de família, à assembleia de todos os adultos da comunidade, homens e mulheres. Ante essa assembleia presta contas o dono da casa (*domačin*), e ela é quem resolve as questões de importância, administra justiça entre todos os membros da comunidade, decide as compras ou vendas mais importantes, sobretudo de terras, etc.

Não faz mais de dez anos que se provou a existência na Rússia de grandes cooperativas familiares dessa espécie;[XXVIII] hoje todo mundo reconhece que elas têm nos costumes populares russos raízes tão fundas como a *obschina*, ou comunidade rural. Figuram no mais antigo código russo — o *Pravda de Yaroslav*[XXIX] com o mesmo nome (*vervi*) com que aparecem nas leis da Dalmácia;[XXX] nas fontes históricas polonesas e tchecas também podemos encontrar referências a respeito.

Também entre os germanos, segundo Heusler (*Institutitonen des Deutschen Rechts* [Instituições do direito alemão]),[XXXI] a unidade econômica primitiva não é a família isolada no sentido moderno do termo, mas, sim, uma cooperativa doméstica (*Hausgenossenschaft*) que se compõe de muitas gerações com suas respectivas famílias, e que, ademais, com muita frequência encerra indivíduos mais livres. A família romana também pertence a esse tipo, e, em razão disso, o poder absoluto do pai sobre os demais membros da família, por certo que inteiramente privados de direitos com relação a ele, foi bastante contestado nos últimos tempos. Cooperativas familiares do mesmo gênero devem ter existido entre os celtas da Irlanda; na França, sobreviveram no Nivernais com o nome de *parçonneries* até a Revolução, e ainda hoje na Franche-Comté não se extinguiram de todo. Nos arredores de Louhans (Saône-et-Loire), veem-se grandes casarões de camponeses com um salão central comum bastante alto, que chega até o telhado; em volta se encontram os dormitórios, para os quais se sobe por escadas de seis a oito degraus; habitam nessas casas várias gerações da mesma família.

A comunidade familiar, com cultivo do solo em comum, é mencionada na Índia já por Nearco,[XXXII] à época de Alexandre Magno, e ainda subsiste no Punjab e em todo o noroeste do país. O próprio

Kovalevski pôde encontrá-la no Cáucaso. Na Argélia, existe ainda entre os cabilas. Na América, se crê descobri-la nas "calpullis"[24] descritas por Zurita no antigo México;[XXXIII] já Cunow (*Das Ausland*, 1890, n. 42-44)[XXXIV] demonstrou de forma clara que, na época da conquista, existia no Peru uma espécie de marca (que, algo estranho, também ali se chamava *marca*) com divisão periódica da terra cultivada, e isso significa que ali vigorava o cultivo individual.

Seja como for, a cooperativa doméstica patriarcal, com posse e cultivo do solo em comum, adquire agora significação muito diferente da que havia antes. Já não podemos duvidar do grande papel transicional que desempenhou entre os povos civilizados e outros povos do mundo antigo o período entre a família de direito materno e a família monogâmica. Mais adiante trataremos de outra conclusão extraída por Kovalevski, a saber, a de que a comunidade familiar foi igualmente o estágio transitório de onde saiu a comunidade rural ou a marca, com cultivo individual do solo e subdivisão primeiro periódica e depois definitiva dos campos e pastagens.

Com relação à vida no seio dessas comunidades familiares, deve-se fazer notar que, pelo menos na Rússia, os donos da casa têm a fama de abusar muito de sua situação no que diz respeito às mulheres mais jovens da comunidade, principalmente no tocante a suas netas, com as quais muitas vezes formam um harém; as canções populares russas são bem eloquentes a esse respeito.

Antes de passarmos à monogamia, que se desenvolveu celeremente após a derrocada do direito materno, digamos algumas palavras sobre a poligamia e a poliandria. Essas duas formas de casamento

---

24. Cooperativas domésticas existentes entre os indígenas do México à época da conquista espanhola. Cada uma delas, e seus membros eram todos da mesma ascendência, tinha em comum uma porção de terra que não podia nem ser vendida nem ser dividida sob forma de herança. Alonso de Zurita descreve as *calpullis* no escrito "Rapport sur les différentes classes de chefs de la Nouvelle-Espagne, sur les lois, les moeurs des habitants, sur les impôts établis avant et depuis la conquête, etc. etc." [Relatos sobre as diferentes classes de chefes da Nova Espanha, sobre as leis, os costumes dos habitantes, sobre os impostos estabelecidos antes e depois da conquista, etc. etc.], publicado pela primeira vez em *Voyages, relations et mémoires originaux pour servir à l'histoire de la découverte de l'Amérique, publiés pour la première fois en français par H. Ternaux-Compan* (Paris, 1840), t. II, p. 50-64. (N.A.)

só podem ser exceções, artigos de luxos da história, digamos assim, a não ser que se apresentem simultaneamente num mesmo país, isto que, como sabemos, não é o caso. Pois bem, como os homens excluídos da poligamia não podiam se consolar com as mulheres deixadas em liberdade pela poliandria, e como o número de homens e mulheres, independentemente das instituições sociais, continuou a ser quase homogêneo até agora, está praticamente excluída a possibilidade de se alçar uma dessas duas modalidades de casamento à condição de forma globalmente vigente. De fato, a poligamia de um homem era, evidentemente, um produto da escravidão, e se limitava a pessoas de posição elevada. Na família patriarcal semítica, o próprio patriarca, e, no máximo, alguns de seus filhos, vivem como polígamos; os demais se veem obrigados a contentar-se com uma mulher. Assim sucede hoje ainda em todo o Oriente; a poligamia é um privilégio dos ricos e dos grandes, e as mulheres são recrutadas, sobretudo, pelo comércio escravocrata; a massa do povo é monogâmica. Uma exceção semelhante é a poliandria na Índia e no Tibet, nascida do casamento por grupos,[25] e cuja interessante origem está para ser estudada mais a fundo. Na prática, parece muito mais tolerante que o regime do harém muçulmano, movido por ciúmes. Entre os naires da Índia, pelo menos três, quatro ou mais homens têm uma mulher comum; e cada um deles pode ter, ademais, em união com outros homens, uma segunda, uma terceira, uma quarta mulher, e assim sucessivamente. É espantoso que McLennan não tenha descoberto uma nova categoria de casamento — o *casamento em clube* — nesses clubes conjugais que ele descreveu, nos quais é possível ser membro em mais de um ao mesmo tempo. É evidente que o sistema de clubes conjugais não tem a ver com a poliandria efetiva; pelo contrário, segundo fez observar já Giraud-Teulon, é uma forma particular especializada de casamento por grupos: os homens vivem em poligamia, e as mulheres, em poliandria.[26]

---

25. Na edição de 1884, está "família punaluana" em vez de "casamento por grupos". (N.E.O.)
26. Na edição de 1884, não há o último enunciado. (N.E.O.)

4. A *família monogâmica*. Nasce da família de um só par, segundo temos indicado, no período de transição entre o estágio intermediário e o estágio superior da barbárie; seu triunfo definitivo é uma das características da civilização nascente. Funda-se no predomínio do homem; seu fim expresso é procriar filhos cuja paternidade seja indiscutível; e essa paternidade indiscutível se exige porque os filhos, em qualidade de herdeiros diretos, hão de um dia usufruir a posse dos bens de seu pai. A família monogâmica se diferencia do casamento de um só par por uma solidez muito maior dos laços conjugais, que já não podem ser dissolvidos pelo desejo de qualquer uma das partes. Agora, só mesmo o homem, como regra, pode romper esses laços e repudiar a sua mulher. Também se lhe outorga o direito de infidelidade conjugal, sancionado, ao menos, pelo costume (o Código de Napoleão o concede expressamente, enquanto não tiver a concubina do domicílio conjugal)[xxxv], e este direito se exerce cada vez mais amplamente, à medida que progride a evolução social. Se a mulher se recorda das antigas práticas sexuais e deseja renová-las, é castigada mais rigorosamente do que na época anterior.

Entre os gregos, encontramos em toda a sua severidade a nova forma da família. Enquanto, como assinala Marx, a situação dos deuses na mitologia nos fala de um período anterior, em que as mulheres ocupavam ainda uma posição mais livre e mais estimada, nos tempos heroicos vemos já a mulher[27] humilhada pelo predomínio do homem e pelas concorrências das escravas. Lê-se na *Odisseia* como Telêmaco interrompe a mãe e lhe impõe o silêncio. Em Homero, os vencedores aplacam seus apetites sexuais com as jovens capturadas; os chefes

---

27. O texto a seguir até "mas, não obstante toda clausura e vigilância..." é a versão que Engels ampliou em 1891. Em 1884, o teor era como segue: "numa reclusão semiprisional, para garantir a paternidade certa dos filhos. O homem, ao contrário, diverte-se com mulheres escravizadas prisioneiras de guerra, suas companheiras de tenda na guerra. Isso quase não melhora no período clássico. No *Charikles* de Becker podemos ler extensivamente como os gregos tratavam suas mulheres. Ainda que não as tenham trancafiado, mas isolado do mundo, elas se tornaram as servas domésticas superiores de seus homens, restritas ao relacionamento sobretudo com as outras servas domésticas. Se as moças eram trancafiadas de forma direta, as mulheres saíam apenas se acompanhadas de escravas. Se viesse visita masculina, a mulher recolhia--se a seu aposento". (N.A.)

elegiam para si, por turno e conforme a sua categoria, as mais belas; sabido é que a *Ilíada* inteira gira em torno da disputa sustentada entre Aquiles e Agamenon por causa de uma de tais escravas. Junto a cada herói, mais ou menos importante, Homero fala da jovem cativa com a qual compartilha sua tenda e seu leito. Essas jovens eram também conduzidas ao país nativo dos heróis, à casa conjugal, como fez Agamenon com Cassandra, em Ésquilo; os filhos nascidos dessas mulheres escravizadas recebem uma pequena parte da herança paterna e são considerados homens livres; assim, Teucro é filho natural de Telamon e tem direito a levar o nome de seu pai. E, quanto à mulher legítima, exige-se dela que tolere tudo isso, mas, por sua vez, guarde rigorosas castidade e fidelidade conjugal. Certo é que a mulher grega da época heroica é mais considerada que a do período civilizado; não obstante, para o homem ela não é, afinal de contas, mais do que mãe de seus filhos legítimos, seus herdeiros, a que governa a casa e vigia as escravizadas, estas de quem ele tem o direito a fazer, e faz, concubinas sempre que quiser. A existência da escravidão junto à monogamia, a presença de jovens e belas cativas que pertencem em corpo e alma *ao homem* é o que imprime desde a origem um caráter específico à monogamia, que só é monogamia *para a mulher* e não para o homem. Na atualidade, conserva ainda esse caráter.

Quanto aos gregos de uma época mais tardia, devemos distinguir entre os dórios e os jônios. Os primeiros, dos quais Esparta é o exemplo clássico, encontram-se sob muitos pontos de vista em relações conjugais muito mais primitivas, mesmo com relação àquelas pintadas por Homero. Em Esparta existe um casamento de um par modificado pelo Estado conforme as concepções ali dominantes e que conserva muitos vestígios do casamento por grupos. As uniões sem filhos se rompem: o rei Anaxândrides (por volta do ano 560 a.C.) tomou uma segunda mulher, sem deixar a primeira, que era estéril, e sustentava dois domicílios conjugais; na mesma época, tendo o rei Aríston duas mulheres sem filhos, tomou outra, mas despediu uma das duas primeiras. Além disso, vários irmãos podiam ter uma mulher em comum; o homem que preferisse a mulher de seu amigo podia partilhá-la com este; e tinha-se por decoroso colocar a própria mulher à disposição de "um bom garanhão", mesmo que este não fosse concidadão, de acordo com Bismarck. De uma passagem de Plutarco, em que uma espartana envia a seu marido um pretendente que a persegue com suas proposições, pode até mesmo ser deduzida, segundo Schömann, uma liberdade de costumes ainda maior.[XXXVI] Por essa razão, era coisa inaudita o adultério efetivo, a infidelidade da mulher pelas costas do marido. Por outro lado, a escravidão doméstica era desconhecida em Esparta, pelo menos em sua melhor época; os hilotas serviçais viviam à parte, nas terras de seus senhores, e, por conseguinte, entre os espartanos[XXXVII] era menor a tentação de saciar-se com as mulheres. Por todas essas razões, as mulheres tinham em Esparta uma posição muito mais respeitada do que em outras partes da Grécia. As casadas espartanas e a fina flor das heteras atenienses são as únicas mulheres das quais os antigos falam com respeito e das quais acharam digno registrar as declarações.

Outra coisa muito diferente era o que se passava entre os jônios, que se fez característico para o regime de Atenas. As donzelas aprendiam tão somente a fiar, a tecer e a cozinhar, e, no máximo, a ler e escrever. Praticamente eram cativas e só tratavam com outras mulheres. Sua habitação era um aposento separado, situado no piso alto ou atrás da casa; os homens, sobretudo os estranhos, não entravam ali facilmente, e as mulheres se retiravam quando chegava algum visitante. As mulheres não saíam sem que lhes acompanhasse uma escrava; dentro da casa se viam, literalmente, submetidas a vigilância. Aristófanes fala de cães molossos para espantar os adúlteros, e, nas cidades asiáticas, para vigiar as mulheres havia eunucos, que desde os tempos de Heródoto se "fabricavam" em Quiós para o comércio, e, de acordo com Wachsmuth,[XXXVIII] não serviam apenas aos bárbaros. Em Eurípedes se designa a mulher como *oikurema*, isto é, como algo destinado a cuidar do lugar doméstico (a palavra é neutra), e, para o ateniense, além de servir para a procriação dos filhos, não era nada mais do que a criada principal. O homem tinha seus exercícios de ginástica e suas discussões públicas, coisas das quais ela estava excluída; além disso, tinha mulheres escravizadas à sua disposição, e, na época florescente de Atenas, havia uma prostituição muito extensa e protegida, em todo o caso, pelo Estado. Precisamente, sobre a base dessa prostituição se desenvolveram as mulheres gregas que se sobressaem do nível geral da mulher do mundo antigo por seu engenho e seu gosto artístico, da mesma forma que as espartanas se sobressaem por seu caráter. Mas o fato de que, para se converterem em mulheres, foi preciso antes serem heteras é a mais severa condenação à família ateniense.

Com o decorrer do tempo, essa família ateniense chegou a ser o tipo pelo qual modelaram suas relações domésticas não apenas o restante dos jônios, mas também todos os gregos das metrópoles e das colônias. Não obstante, apesar da clausura e da vigilância, as gregas tinham ocasiões de sobra para enganar o marido. Estes, que se ruborizariam de demonstrar o menor amor a suas mulheres, recreavam-se com as heteras valendo-se de toda a sorte de galanteios. Mas o aviltamento das mulheres se vingou nos homens e os aviltou por sua vez, levando-os até as repugnantes práticas da pederastia e a desonrar seus deuses e a si mesmos valendo-se do mito de Ganimedes.

Tal foi a origem da monogamia, segundo temos podido segui-la no povo mais culto e mais desenvolvido da Antiguidade. De nenhuma forma ela foi fruto do amor sexual individual, com o que não tinha nada em comum, sendo a conveniência, agora como antes, o motivo dos casamentos. Foi a primeira forma de família que não se baseou em condições naturais, mas econômicas,[28] e concretamente no triunfo da propriedade privada sobre a propriedade comum primitiva, originada espontaneamente. Preponderância do homem na família e procriação de filhos que só podiam ser dele e destinados a herdar dele: tais foram, abertamente proclamados pelos gregos, os únicos objetivos da monogamia. De resto, o casamento era para eles uma carga, um dever para com os deuses, para com o Estado e seus próprios antecessores, dever que se viam obrigados a cumprir. Em Atenas, a lei não apenas impunha o casamento, mas também obrigava o marido a cumprir um mínimo determinado dos chamados deveres conjugais.[29]

---

28. Na edição de 1884, está "sociais" em vez de "econômicas", e o enunciado termina aí. (N.E.O.)
29. Na edição de 1884, não há o último enunciado. (N.E.O.)

Portanto, a monogamia não aparece de nenhuma forma na história como uma conciliação entre o homem e a mulher, e menos ainda como a forma mais elevada de casamento. Pelo contrário, entra em cena sob a forma da escravidão de um sexo por outro, como a proclamação de um conflito entre os sexos, desconhecido até então na Pré-História. Em um velho manuscrito inédito, redigido em 1846 por Marx e por mim, eu encontro: "A primeira divisão do trabalho é a que se fez entre o homem e a mulher para a procriação de filhos".[XXXIX] E hoje posso acrescentar: o primeiro antagonismo de classes que apareceu na história coincide com o desenvolvimento do antagonismo entre o homem e a mulher na monogamia; e a primeira opressão de classes, com a do sexo feminino pelo masculino. A monogamia foi um grande progresso histórico, mas, ao mesmo tempo, inaugurou, juntamente com a escravidão e com as riquezas privadas, a época que dura até nossos dias e na qual cada progresso é, ao mesmo tempo, um regresso relativo, e o bem-estar e o desenvolvimento de uns são conseguidos à custa da dor e da repressão de outros. A monogamia é a forma celular da sociedade civilizada, na qual podemos estudar a natureza das contradições e dos antagonismos que alcançam seu pleno desenvolvimento nessa sociedade.

A antiga liberdade relativa de trânsito sexual não desapareceu de todo com o triunfo do casamento de um par, nem mesmo com o da monogamia.

> O antigo sistema conjugal, reduzido a mais estreitos limites pelo gradual desaparecimento dos grupos punaluanos, continuava a ser o meio pelo qual se desenvolvia a família, e com ela se manteve até a alvorada da civilização (...); desapareceu, por fim, com a nova forma de heterismo, que segue o gênero humano até em plena civilização como uma escura sombra que repousa sobre a família.[XL]

Por heterismo Morgan entende o trânsito extraconjugal existente "junto à monogamia" dos homens com mulheres não casadas, comércio carnal que, como se sabe, floresce sob as formas mais diversas durante todo o período da civilização e transforma-se cada vez mais em franca prostituição.[30] Esse heterismo descende em linha reta do casamento por grupos, e de seu sacrifício, mediante o qual as mulheres adquiriam para si o direito à castidade. A entrega por dinheiro foi, no início, um ato religioso; praticava-se no templo da deusa do amor, e originariamente o dinheiro ingressava nas arcas do templo. As hierodulas[XLI] da deusa Anaitis na Armênia, da deusa Afrodite em Corinto, assim como as bailarinas religiosas agregadas aos templos da Índia, que são conhecidas pelo nome de "baiaderas" [a palavra é uma correção do português "bailadeira"], foram as primeiras prostitutas. O sacrifício de entregar-se, dever originário de todas as mulheres, foi exercido mais tarde somente por essas sacerdotisas, em substituição a todas as demais. Em outros povos, o heterismo provém da liberdade sexual concedida às jovens antes do casamento; assim, pois, é também um resquício do casamento por grupos, mas que chegou a nós por outro caminho. Com a diferenciação na propriedade, isto é, já no estágio superior da barbárie, aparece esporadicamente o trabalho assalariado junto do trabalho de pessoas escravizadas, e, ao mesmo tempo, como um correlativo necessário daquele, a prostituição profissional das mulheres livres aparece junto à entrega forçada das escravizadas. Assim, pois, a herança que o casamento por grupos legou à civilização é dupla, e tudo o que a civilização produziu também é duplo, ambíguo, equivocado, contraditório: por um lado, a monogamia, e, por outro, o heterismo — compreendida a sua forma extrema, que é a prostituição. O heterismo é uma instituição social como outra qualquer e mantém a antiga liberdade sexual — em proveito dos homens. De fato, não apenas é tolerado, mas praticado livremente, sobretudo pelas classes dominantes, ainda que seja reprovado pelo discurso. Em realidade, porém, essa reprovação nunca é dirigida contra os homens que a praticam, mas somente contra as mulheres; estas são depreciadas e rechaçadas para se proclamar, uma vez mais, a supremacia absoluta do homem sobre o sexo feminino como lei fundamental da sociedade.

---

30. Na edição de 1884, não há o texto seguinte até: "o heterismo é uma instituição social como outra qualquer...". (N.E.O.)

Porém, na própria monogamia se desenvolve uma segunda contradição. Junto ao marido, que ameniza sua existência com o heterismo, encontra-se a esposa abandonada.[31] E não pode existir um termo de uma contradição sem que exista o outro, como não se pode ter na mão uma maçã inteira depois de sua metade ter sido comida. Não obstante, essa parece ter sido a opinião dos homens até que as mulheres lhes botaram outra coisa na cabeça. Com a monogamia apareceram duas figuras sociais, constantes e características, desconhecidas até então: o permanente amante da mulher e o marido traído. Os homens tinham conseguido a vitória sobre as mulheres, mas as vencidas se encarregaram generosamente de coroar os vencedores. O adultério, proibido e castigado rigorosamente, porém indestrutível, chegou a ser uma instituição social irremediável, junto à monogamia e ao heterismo. No melhor dos casos, a certeza da paternidade dos filhos se baseava agora, como antes, no convencimento moral, e, para resolver a insolúvel contradição, o Código de Napoleão dispôs, em seu artigo 312: *L'enfant conçu pendant le mariage a pour père le mari* ["O filho concebido durante o casamento tem por pai o marido"].

Este é o resultado final de três mil anos de monogamia.

Assim, pois, nos casos em que a família monogâmica reflete fielmente a sua origem histórica e manifesta com clareza o conflito entre o homem e a mulher, originado pelo domínio exclusivo do primeiro, temos um quadro em miniatura das contradições e dos antagonismos em meio aos quais se move a sociedade dividida em classes desde a civilização, sem poder resolvê-los nem os vencer. Naturalmente, falo aqui não somente dos casos de monogamia em que a vida conjugal transcorre mediante prescrições do caráter original dessa instituição, mas em que a mulher se rebela contra o domínio do homem. Que não em todos os casamentos ocorre assim, sabe-o melhor que ninguém o filisteu alemão, que não sabe honrar seu domínio nem em sua casa nem no Estado, e cuja mulher veste com pleno direito as calças de que ele não é digno. Mas com isso

---

31. Na edição de 1884, não existem os dois últimos enunciados. (N.E.O.)

ele se crê também bem superior a seu companheiro de infortúnios francês, a quem, com maior frequência que a ele mesmo, sucedem coisas bem mais desagradáveis.

É evidente que a família monogâmica não revestiu em todos os lugares e tempos a forma clássica e grosseira que teve entre os gregos. A mulher era mais livre e mais considerada entre os romanos, estes que, em sua qualidade de futuros conquistadores do mundo, tinham das coisas um conceito mais amplo, ainda que menos refinado, que os gregos. O romano acreditava que estava suficientemente garantida a fidelidade pelo próprio direito de vida e morte que tinha sobre a mulher. Além disso, a mulher podia ali romper o vínculo matrimonial, o mesmo valendo para o homem. Mas o maior avanço no desenvolvimento da monogamia realizou-se indubitavelmente com a entrada dos germanos na história, mais precisamente porque, entre eles naquela época, por certo que em razão de sua pobreza, a monogamia, ao que parece, ainda não evoluíra plenamente a partir do casamento do par. Extraímos essa conclusão baseando-nos em três circunstâncias mencionadas por Tácito: em primeiro lugar, não obstante a santidade do matrimônio — "se contentam com uma *única* mulher, e as mulheres vivem protegidas por sua castidade"[XLII] —, a poligamia estava em vigor para os grandes e os chefes de tribo. Essa é uma situação análoga à dos americanos, entre os quais existia o casamento do par. Em segundo lugar, a transição do direito materno para o direito paterno tinha se realizado apenas pouco tempo antes, visto que o irmão da mãe — o parente gentílico mais próximo segundo o matriarcado — era tido quase como um parente mais próximo que o próprio pai, o que também corresponde ao ponto de vista dos indígenas americanos, entre os quais Marx, como ele o diz com frequência, tinha encontrado a chave para compreender nosso próprio passado. E, em terceiro lugar, entre os germanos as mulheres gozavam de suma consideração e exerciam grande influência até nos assuntos públicos, o que é diametralmente oposto à supremacia masculina da monogamia. Todos esses são pontos nos quais os germanos estão quase por completo de acordo com os espartanos, que tampouco haviam superado de todo o casamento do par, segundo temos visto.[32] Assim, pois, desse ponto de vista, com os germanos chegava um elemento inteiramente novo que dominou todo o mundo. A nova monogamia, que entre as ruínas do mundo romano saiu da mescla dos povos, revestiu a supremacia masculina de formas mais suaves e deu às mulheres uma posição muito mais considerada e mais livre, ao menos aparentemente, posição esta que a época clássica jamais conhecera. Graças a isso foi possível, partindo da monogamia — em seu seio, junto a ela e contra ela, segundo as circunstâncias —, o progresso moral maior que lhe devemos: o amor sexual individual moderno, desconhecido anteriormente em todo o mundo.

Pois bem, esse avanço se devia, com toda a segurança, à circunstância de que os germanos viviam ainda sob o regime da família do par e de que levaram a monogamia, enquanto lhes foi possível, à posição da mulher correspondente à família de um par; ocorre que tal avanço de modo algum se deveu à lendária e maravilhosa pureza de costumes própria dos germanos, que, na realidade, se reduz a que, no casamento de um par, não se observam as agudas contradições morais próprias à monogamia. Pelo contrário, em suas emigrações, particularmente rumo ao sudeste, em direção às estepes do Mar Negro, povoadas por nômades, os germanos decaíram profundamente do ponto de vista moral e tomaram dos nômades, além da arte da equitação, graves vícios contranaturais — acerca disso temos os expressos testemunhos de Amiano sobre os taifalos e de Procópio com relação aos hérulos.

Mas, se a monogamia foi, de todas as formas de família conhecidas, a única em que se pôde desenvolver o amor sexual moderno, isso de modo algum quer dizer que tal se desenvolvesse exclusivamente, e nem ainda de maneira preponderante, como amor mútuo dos cônjuges: baseada na supremacia do homem, a própria natureza da monogamia fixa exclui esse amor. Em todas as classes históricas ativas, isto é, em todas as classes dominantes, o casamento continuou a ser o que havia sido desde o matrimônio de um par: um contrato arranjado

---

32. Na edição de 1884, não há o último enunciado. (N.E.O.)

pelos pais. A primeira forma de amor sexual surgida na história, o amor sexual como paixão, e por certo como paixão possível para qualquer homem (pelo menos das classes dominantes), como forma suprema da atração sexual — que constitui precisamente seu caráter específico —, essa sua primeira forma, o amor cavalheiresco da Idade Média, de modo algum foi o amor conjugal. Muito pelo contrário, em sua forma clássica, entre os provençais, ela marcha de vento em popa para o adultério, que é cantado por seus poetas. A flor da poesia amorosa provençal são as *albas*, em alemão, *Tagelieder* ("cantos da alvorada"). Pintam com cores vivas o modo como o cavalheiro compartilha o leito de sua amada, a mulher de outro, enquanto do lado de fora encontra-se postado o vigia para avisá-lo tão logo avistasse o primeiro sinal do alvorecer, a *alba*, para que o amante possa escapar sem ser visto; a cena da separação é o ponto culminante do poema. Os franceses do norte e os valentes germanos adotaram esse gênero de poesia, ao mesmo tempo que a maneira cavalheiresca de amor correspondente a ele; e nosso antigo Wolfram von Eschenbach deixou sobre esse sugestivo tema três encantadores *Tagelieder*, que prefiro a seus três longos poemas épicos.

Em nossos dias, o casamento burguês é de dois tipos. Nos países católicos, agora, como antes, são os pais que proporcionam ao jovem burguês a mulher que lhes convém, do que resulta naturalmente o mais amplo desenvolvimento da contradição que encerra a monogamia: heterismo exuberante da parte do homem e adultério exuberante da parte da mulher. E, se a Igreja Católica aboliu o divórcio, é provável que se deu porque terá reconhecido que, contra o adultério, como contra a morte, não há remédio que valha. Pelo contrário, nos países protestantes, a regra geral é conceder ao filho do burguês mais ou menos liberdade para buscar mulher dentro de sua classe; por isso o amor pode ser, até certo ponto, a base do casamento, e se supõe sempre, para guardar as aparências, que assim o seja, o que está em estreita correspondência com a hipocrisia protestante. Aqui o marido não pratica o heterismo tão energicamente, e a infidelidade da mulher se dá com menos frequência; mas, como em todos os tipos de casamento os seres humanos seguem sendo o que antes eram, e como os burgueses dos países protestantes são em sua maioria filisteus, essa monogamia protestante, ainda tomando o termo médio dos melhores casos, vem a resultar num aborrecimento moral sofrido em comum, e que se chama de felicidade doméstica. O melhor espelho desses dois tipos de casamento é o romance: o romance francês, para o tipo católico; o romance alemão,[33] para o protestante. Nos dois casos, o homem "a ganha": no romance alemão, o jovem ganha a moça; no francês, ganha a corneada. Qual dos dois sai pior? Nem sempre é possível dizer. Por isso a monotonia do romance alemão causa nos leitores da burguesia francesa o mesmo horror que a "imoralidade" do romance francês causa no filisteu alemão. Não obstante, nesses últimos tempos, desde quando "Berlim está se fazendo uma cosmópolis", o romance alemão começa a tratar um tanto menos timidamente o heterismo e o adultério, bem conhecidos ali já há bastante tempo.

Ocorre que, em ambos os casos, o casamento se funda na posição social dos contraentes e, portanto, é sempre um matrimônio de conveniência. Também nos dois casos esse casamento de conveniência se converte muitas vezes na mais vil das prostituições, às vezes por ambas as partes, mas muito mais habitualmente por parte da mulher; esta só se diferencia da cortesã ordinária porque não aluga o seu corpo a ratos como uma assalariada, mas o vende de uma vez para sempre, como uma escrava. E a todos os casamentos de conveniência lhes vêm sempre o enunciado de Fourier: "Assim como na gramática duas negações equivalem a uma afirmação, de igual maneira na moral conjugal duas prostituições equivalem a uma virtude".[XLIII]

Nas relações com a mulher, o amor sexual só se torna e só pode se tornar uma regra de fato entre as classes oprimidas, isto é, em nossos dias, no proletariado, estejam ou não estejam autorizadas oficialmente essas relações. Mas também desaparecem nesses casos todos os fundamentos da monogamia clássica. Falta aqui, por completo, a propriedade, para cuja conservação e transmissão por herança foram instituídos precisamente a monogamia e o domínio do homem; e, por isso, aqui também falta todo e qualquer motivo para

---

33. Na edição de 1884, segue "e sueco". (N.E.O.)

estabelecer a supremacia masculina. Mais ainda, faltam até os meios para consegui-lo; o direito burguês, que protege essa supremacia, só existe para as classes possuidoras e para regular as relações dessas classes com os proletários. Isso custa dinheiro, e, por causa da pobreza do operário, não desempenha papel algum na atitude deste para com sua mulher. Nesse caso, outras relações pessoais e sociais desempenham o papel decisivo. Além disso, sobretudo desde que a grande indústria arrancou a mulher do lar e lançou-a no mercado de trabalho e na fábrica, convertendo-a muitas vezes na provedora do lar, têm ficado desprovidos de toda base os últimos resquícios da supremacia do homem na casa proletária, exceção feita, talvez, por certa brutalidade para com as mulheres, muito arraigada desde o estabelecimento da monogamia. Assim, pois, a família do proletário já não é monogâmica no sentido estrito da palavra, nem ainda com o amor mais apaixonado e a mais absoluta fidelidade de *ambos* e apesar de todas as bendições espirituais e temporais possíveis. Por isso, o heterismo e o adultério, eternos companheiros da monogamia, desempenham aqui um papel quase nulo; a mulher praticamente reconquistou o direito ao divórcio; e, quando já não podem se entender, os cônjuges preferem se separar. Em resumo: o matrimônio proletário é monogâmico no sentido etimológico da palavra, mas de modo algum em sentido histórico.[34]

Por certo que nossos juristas estimam que o progresso da legislação cada vez mais retira das mulheres todo motivo de queixa. Os sistemas legislativos dos países civilizados modernos vão reconhecendo cada vez mais, em primeiro lugar, que o matrimônio, para ter validade, deve ser um contrato livremente consentido por ambas as partes, e, em segundo lugar, que, durante o período de convivência matrimonial, ambas as partes devem ter os mesmos direitos e os mesmos deveres. Se essas duas condições se aplicassem de maneira consequente, as mulheres gozariam de tudo o que lhes pudesse apetecer.

Essa argumentação autenticamente jurídica é exatamente a mesma de que se valem os republicanos radicais burgueses para

---

34. Na edição de 1884, falta o texto a seguir até "Mas voltemos a Morgan...". (N.E.O.)

rejeitar o proletariado e o mandar ficar em silêncio. O contrato de trabalho se supõe contrato livremente consentido por ambas as partes, mas se considera livremente consentido desde o momento em que a lei estatui *no papel* a igualdade de ambas as partes. A força que a diferente situação de classe confere a uma das partes, a pressão que essa força exerce sobre a outra parte, a situação econômica real de *ambas*, nada disso importa à lei. E, enquanto dura o contrato de trabalho, segue-se supondo que as duas partes desfrutam de iguais direitos, enquanto uma e outra não renunciam a eles expressamente. E se a sua situação econômica concreta obriga o operário a renunciar até à última aparência de igualdade de direitos, a lei, de novo, nada tem a ver com isso.

No que diz respeito ao casamento, até a lei mais progressista se dá inteiramente por satisfeita no momento em que os interessados protocolam formalmente o seu livre consentimento. Quanto ao que se passa fora dos bastidores jurídicos, na vida real, e quanto ao modo como se expressa esse consentimento, tal não é coisa que possa inquietar a lei nem o jurista. E, não obstante, a mais leve comparação do direito dos distintos países deve mostrar ao jurista o que representa esse livre consentimento. Nos países onde a lei assegura aos filhos a herança de uma parte da riqueza paterna e onde, por conseguinte, não podem ser deserdados — na Alemanha, nos países que seguem o direito francês, etc. —, os filhos necessitam do consentimento dos pais para contrair casamento. Nos países onde se pratica o direito inglês, onde o consentimento paterno não é uma condição legal do casamento, os pais gozam também da absoluta liberdade de testar e podem deserdar filhos a seu bel-prazer. Claro está que, apesar disso, e ainda por isso mesmo, entre as classes que têm algo que herdar, a liberdade para contrair matrimônio, de fato, não é um átimo maior na Inglaterra e na América do que na França e na Alemanha.

Não é melhor o estado de coisas quanto à igualdade jurídica entre homem e mulher no casamento. Sua desigualdade jurídica, que herdamos de condições sociais anteriores, não é causa — e, sim, efeito — da opressão econômica da mulher. Na antiga economia doméstica comunista, que compreendia numerosos pares conjugais com seus filhos, a condução da casa, confiada às mulheres, era também uma indústria socialmente tão necessária quanto o cuidado de proporcionar os víveres, cuidado este confiado aos homens. As coisas mudaram com a família patriarcal e, mais ainda, com a família individual monogâmica. A condução da economia doméstica perdeu seu caráter social. A sociedade já não tinha nada a ver com ela. O governo da economia doméstica se transformou em *serviço privado*; a mulher se converteu na criada principal, sem tomar parte na produção social. Só mesmo a grande indústria de nossos dias abriu de novo — ainda que somente para a mulher proletária — o caminho da produção social. Porém, isso se fez de tal modo que, se a mulher cumpre com seus deveres no serviço privado da família, fica excluída do trabalho social e não pode receber nada, sequer pode tomar parte na indústria pública e ganhar por sua conta, tal lhe é impossível com seus deveres para com família. Assim como na fábrica, o mesmo ocorre com a mulher em todos os setores do trabalho, incluídas a medicina e a advocacia. A família individual moderna se funda na escravidão doméstica franca ou mais ou menos dissimulada da mulher, e a sociedade moderna é uma massa cujas moléculas são as famílias individuais. Hoje, na maioria dos casos, o homem tem de ganhar os meios de vida, tem de alimentar a família, pelo menos nas classes possuidoras, e isso lhe dá uma posição preponderante que não necessita ser privilegiada de um modo especial por uma prerrogativa jurídica. O homem é, na família, o burguês; a mulher representa, na mesma família, o proletário. Mas, no mundo industrial, o caráter específico da opressão econômica que pesa sobre o proletariado não se manifesta em todo o seu rigor a não ser que sejam suprimidos todos os privilégios legais da classe dos capitalistas e seja juridicamente estabelecida a plena igualdade das duas classes. A república democrática não suprime o antagonismo entre as duas classes; pelo contrário, mais não faz do que proporcionar o terreno em que se leva a seu termo a luta por resolver esse antagonismo. De igual modo, o caráter particular do predomínio do homem sobre a mulher na família moderna, assim como a necessidade e a maneira de estabelecer uma igualdade social efetiva entre ambos, só se manifestará com toda a nitidez quando o homem e a mulher tiverem, segundo a lei, direitos absolutamente iguais. Então constatar-se-á que a libertação da mulher tem como condição primeira a reincorporação de todo o sexo feminino à indústria pública, o que, por sua vez, demanda que se elimine a família individual como unidade econômica da sociedade.

Como temos visto, há três formas principais de casamento, que correspondem aproximadamente aos três estágios fundamentais da evolução humana. Ao estado selvagem corresponde o casamento por grupos; à barbárie, o casamento de um par; à civilização, a monogamia com seus complementos, o adultério e a prostituição. Entre o casamento de um só e a monogamia se intercalam, no estágio superior da barbárie, a sujeição das mulheres escravizadas aos homens e à poligamia.

Conforme o demonstrado por tudo o que aqui foi exposto, a peculiaridade do progresso que se manifesta nessa sucessão consecutiva de formas de matrimônio consiste no fato de se ter suprimido cada vez mais às mulheres, mas não aos homens, a liberdade sexual do casamento por grupos. Com efeito, o casamento por grupos segue existindo hoje para os homens. O que é, para a mulher, um crime de graves consequências legais e sociais, considera-se muito honroso para o homem, ou, no máximo, é visto como uma ligeira mácula moral que se leva com gosto. Mas, quanto mais se modifica em nossa época o heterismo antigo em favor da produção capitalista de mercadorias, e quanto mais há adaptação a ela, mais esse heterismo se transforma em prostituição escancarada, e tanto mais desmoralizadora em seus efeitos. Para dizer a verdade, desmoraliza muito mais aos homens do que às mulheres. Entre as mulheres, a prostituição só degrada as infelizes que a ela sucumbem, e, mesmo a estas, em grau muito menor do que se pode crer. Em compensação, avilta o caráter do sexo masculino inteiro. Assim, em nove dentre dez casos, o noivado prolongado é uma verdadeira escola preparatória para a infidelidade conjugal.

Caminhamos hoje para uma revolução social na qual as bases econômicas atuais da monogamia desaparecerão tão seguramente quanto as da prostituição, que é complemento daquela. A monogamia nasceu da concentração de grandes riquezas nas mesmas mãos — as de um homem — e do desejo de transmitir essas riquezas por herança aos filhos desses homens, excluídos os de qualquer outro. Para isso era necessária a monogamia da mulher, mas não a do homem; tanto é assim que a monogamia da mulher não tem sido obstáculo para a poligamia escancarada ou oculta do homem. Mas a revolução social iminente, transformando pelo menos a imensa maioria das riquezas duradouras hereditárias — os meios de produção — em propriedade social, reduzirá ao mínimo todas essas preocupações de transmissão hereditária. E, agora, cabe fazer a seguinte pergunta: tendo a monogamia nascido de causas econômicas, desaparecerá quando desaparecerem essas causas?

Poder-se-ia responder, não sem fundamento: longe de desaparecer, mais se realizará plenamente a partir desse momento. Porque com a transformação dos meios de produção em propriedade social desaparecem o trabalho assalariado, o proletariado e, por conseguinte, a necessidade de que se prostituam certo número de mulheres que a estatística pode calcular. Desaparece a prostituição, e, em vez de decair, a monogamia chega, por fim, a ser uma realidade — até para os homens.

Em todo caso, mudará muito a posição dos homens. Mas também sofrerá profundas mudanças a das mulheres, a de todas elas. Quando os meios de produção passarem a ser propriedade comum, a família individual deixará de ser a unidade econômica da sociedade. A economia doméstica converter-se-á numa indústria social; o cuidado e a educação dos filhos far-se-ão um assunto público. A sociedade cuidará com o mesmo esmero de todos os filhos, nascidos no casamento ou fora dele. Assim, desaparecerá o temor das "consequências", hoje o mais importante fator social — tanto do ponto de vista moral como do ponto de vista econômico — que impede uma jovem solteira de se entregar livremente ao homem que ama. Não bastará isso para que se desenvolvam progressivamente relações sexuais mais livres e também para tornar a opinião pública menos rigorosa quanto à honra das virgens e desonra das mulheres? E, por último, não temos visto que, no mundo moderno, a prostituição e a monogamia, ainda que antagônicas, são inseparáveis, como polos de uma mesma ordem social? Pode desaparecer a prostituição sem arrastar consigo para o abismo a monogamia?

Neste ponto intervém um elemento novo — que, à época em que nasceu a monogamia, existia no máximo em germe: o amor sexual individual.

Antes da Idade Média, não se pode dizer que existia amor sexual individual. É óbvio que a beleza pessoal, a intimidade, as inclinações comuns, etc. devem ter despertado nos indivíduos de sexo diferente o desejo de relações sexuais; que tanto para os homens como para as mulheres não era de todo indiferente com quem entabular as relações mais íntimas. Mas daí ao nosso amor sexual moderno há longuíssima distância. Em toda a Antiguidade, são os pais que arranjam os casamentos, em vez dos interessados, e estes se conformam tranquilamente. O pouco amor conjugal que a Antiguidade conhece não é uma inclinação subjetiva, mas, sim, um dever objetivo; não é a base, mas o complemento do casamento. No sentido moderno do termo, o amor só se apresenta na Antiguidade fora da sociedade oficial. Os pastores cujas alegrias e penas de amor nos cantam Teócrito e Mosco, ou Longo em seu *Dafnes e Cloé*,[XLIV] são simplesmente homens escravizados que não têm participação no Estado, esfera em que se move o cidadão livre. Mas, além dos escravizados, só encontramos relações amorosas como um produto da decomposição do mundo antigo em declínio; por certo que são relações mantidas com mulheres que também vivem fora da sociedade oficial, com heteras, isto é, com estrangeiras ou libertas: em Atenas, nas vésperas de sua queda, e, em Roma, sob os imperadores. Se havia ali relações amorosas entre cidadãos e cidadãs livres, todas elas eram mero adultério. E o amor sexual, tal como nós o entendemos, era uma coisa tão indiferente para o velho Anacreonte, o cantor clássico do amor na Antiguidade, que sequer lhe importava muito o sexo da pessoa amada.

Nosso amor sexual difere essencialmente do simples desejo sexual, do *eros* dos antigos. Em primeiro lugar, supõe a reciprocidade no ser amado; desse ponto de vista, a mulher é igual ao homem, ao passo que, no *eros* antigo, está-se longe de consultá-la sempre. Em segundo lugar, o amor sexual alcança um grau de intensidade e de duração tamanho que a falta de relações íntimas e a separação são encaradas pelas partes como uma grande desventura, se não a maior de todas; para poder ser um do outro, não se retrocede diante de nada e chega-se a apostar alto, até a vida, o que na Antiguidade só sucedia em caso de adultério. E, por último, nasce um novo critério moral para julgar as relações sexuais. Já não se pergunta se "são legítimas ou ilegítimas", mas, sim, "são filhas do amor e de um afeto recíproco?". Está claro que na prática feudal ou burguesa esse critério não é mais respeitado do que qualquer outro critério moral, mas tampouco o é menos: ele é reconhecido como os demais critérios — em teoria, no papel. E por enquanto não se poderia pedir mais.

A Idade Média parte do ponto em que se deteve a Antiguidade, com seu amor sexual ainda embrionário, e isso significa que ela parte do adultério. Descrevemos já o amor cavalheiresco, que engendrou as albas, os *Tagelieder*. Desse amor que tende a destruir o casamento até àquele que lhe deve servir de base existe um longo caminho que não há de ser cumprido pela cavalaria. Mesmo quando passamos dos frívolos povos latinos aos virtuosos germanos, vemos no poema dos *Nibelungos* que Krimhilde, ainda que em silêncio, está tão apaixonada por Siegfried quanto este por ela, que responde a Günter simplesmente, quando este lhe anuncia que a prometeu a um cavaleiro, de quem cala o nome: "Não tendes necessidade de suplicar-me; farei o que me ordenais; de boa vontade estou disposta, senhor, a unir-me com aquele que me deres por marido".

Não ocorre de modo algum a Krimhilde a ideia de que seu amor possa ser levado em consideração. Günter pede em casamento Brunhilde, e Etzel, Krimhilde, sem que jamais as tivessem visto. Da mesma forma, no *Gutrun*,[XLV] Siegebant da Irlanda pede a mão da norueguesa Ute, Hetel de Hegelingen a de Hilde da Irlanda, e, por fim, Siegfried de Morland, Hartmut de Ormânia e Herwig de Seeland pedem a mão de Gutrun; e só aqui ocorre de esta se decidir espontaneamente em favor do último. Via de regra, a noiva do jovem príncipe é escolhida pelos pais deste, se ainda forem vivos, ou, caso contrário, por ele próprio, mediante aconselhamento dos grandes feudatários, cujas opiniões, nesses casos, têm grande peso. E não pode ser de outro modo, evidentemente. Para o cavalheiro ou para o barão, como para o próprio príncipe, o casamento é um ato político, uma questão de aumento de poder mediante novas alianças; o interesse da *casa* é o que decide, e não as inclinações do indivíduo. Como poderia, então, corresponder ao amor a última palavra na consumação do matrimônio?

O mesmo se dá com o mestre de corporação nas cidades medievais. Precisamente seus privilégios protetores, as cláusulas dos estatutos corporativos, as complicadas linhas fronteiriças que o separavam, ora de outras corporações, ora de seus próprios colegas de corporação, ora de seus companheiros e aprendizes, esboçavam um círculo estreito no qual ele podia buscar uma esposa adequada. Nesse complicado sistema, evidentemente, não era o seu gosto pessoal, mas, sim, o interesse da família que decidia sobre qual mulher melhor conviria.

Assim, na maioria dos casos, e até o final da Idade Média, o matrimônio continuou sendo o que tinha sido desde a sua origem: um trato que não era celebrado pelas partes interessadas. No início, se vinha já casado ao mundo, casado com todo um grupo de seres do outro sexo. Na forma posterior do casamento por grupos, de modo verossímil existiam condições análogas, mas com estreitamento progressivo do círculo. No casamento do par, é regra que as mães combinem entre si sobre o casamento dos filhos; também aqui, o fato decisivo é o desejo de que os novos laços de parentesco robusteçam a posição do jovem casal na *gens* e na tribo. E, quando a propriedade individual se sobrepôs à propriedade coletiva, quando os interesses da transmissão hereditária fizeram nascer a preponderância do direito paterno e da monogamia, o casamento começou a depender por completo de considerações econômicas. Desaparece a forma do matrimônio por compra, mas, em essência, esta continua a ser praticada cada vez mais, de modo que não apenas a mulher tem seu preço, mas também o homem, ainda que não segundo as suas qualidades pessoais, mas com relação à quantidade de seus bens. Na prática, e desde o princípio, se havia alguma coisa inconcebível para as classes dominantes, tal era que a inclinação recíproca dos interessados pudesse ser a razão por excelência do casamento. Isso só se passava no romantismo ou nas classes oprimidas, que em nada contavam.

Era essa a situação com a qual se encontrou a produção capitalista quando, a partir da era dos descobrimentos geográficos, pôs-se a conquistar o império do mundo mediante o comércio universal e a indústria manufatureira. É de se supor que essa forma de consumação do casamento lhes convinha excepcionalmente, e assim era de fato. E, não obstante — a ironia da história do mundo é insondável —, era precisamente o capitalismo que haveria de abrir aí uma brecha decisiva. Ao transformar todas as coisas em mercadorias, a produção capitalista destruiu todas as relações tradicionais do passado e substituiu os costumes herdados e os direitos históricos pela compra e venda, pelo "livre" contrato. O jurista inglês H. S. Maine[XLVI] acreditou ter feito uma descoberta extraordinária ao dizer que nosso progresso com respeito às épocas anteriores consiste em termos passado *from status to contract*, das condições herdadas para as condições livremente contratadas, o que, enquanto assim é, consta já do *Manifesto comunista*.[XLVII]

Porém, o ato de celebrar contrato necessita pessoas capazes de dispor livremente de si mesmas, de suas ações e de seus bens, e que gozem dos mesmos direitos. Criar essas pessoas "livres" e "iguais" foi precisamente uma das principais tarefas da produção capitalista. Ainda que no início tal se tenha feito de maneira meio inconsciente, e, ainda por cima, mascarada pela religião, a partir da Reforma luterana e calvinista ficou firmemente assentado o princípio de que o homem só é completamente responsável por suas ações quando as realiza em pleno livre-arbítrio, e que é um dever ético opor-se a toda e qualquer coerção à prática de ato imoral. Mas como pôr de acordo esse princípio com as práticas até então usuais na consumação do matrimônio? Segundo a concepção burguesa, o casamento era um contrato, uma questão de direito — e, por certo, a mais importante de todas, pois dispunha do corpo e da alma dos seres humanos para toda a sua vida. É verdade que naquela época o casamento era consumado formalmente por duas vontades; sem o "sim" dos interessados, nada se fazia. Mas todos sabiam muito bem como obter esse "sim" e quais eram os verdadeiros autores do matrimônio. Entretanto, posto que para todos os demais contratos se exigia a liberdade real para se decidir, por que tal não era exigido neste? Os jovens que deviam ser unidos não teriam também o direito de dispor livremente de si mesmos, de seu corpo e de seus órgãos? Não se tornara moda, graças à cavalaria, o amor sexual? E, em contraste com o amor adúltero da cavalaria, não era conjugal a sua verdadeira forma burguesa? Contudo, se o dever dos cônjuges era se amarem reciprocamente, não era igualmente dever dos que se amam casarem-se unicamente entre si e com nenhuma outra pessoa? E esse direito dos que se amam não era superior ao direito dos pais, dos parentes e demais casamenteiros e corretores de casamentos? Desde o momento em que o direito ao livre exame pessoal penetrava na Igreja e na religião, acaso poderia ele se deter diante da intolerável pretensão da geração velha de dispor do corpo, da alma, dos bens, da felicidade e infelicidade da geração mais nova?

Essas questões tinham de ser suscitadas num tempo em que relaxavam todos os vínculos sociais e em que se sacudiam as concepções herdadas. De pronto, a Terra tinha se feito dez vezes maior; em lugar da quarta parte de um hemisfério, o globo inteiro se estendia diante dos olhos dos europeus ocidentais, que se apressaram em tomar posse dos outros sete quadrantes. E, ao mesmo tempo que caíam as antigas e estreitas barreiras do país natal, desmoronavam também as barreiras milenares postas ao pensamento na Idade Média. Um horizonte infinitamente mais extenso se abria diante dos olhos do homem. Que importância podiam ter a reputação de honorabilidade e os respeitáveis privilégios corporativos, transmitidos por gerações para o jovem a quem atraíam as riquezas das Índias, as minas de ouro e prata do México e de Potosí? Fez-se a época da cavaleira andante da burguesia; porque também esta teve seu romantismo e seu arrebatamento amoroso, mas com uma base burguesa e com metas, enfim, burguesas.

Assim sucedeu que a burguesia nascente, sobretudo a dos países protestantes, onde se sacudiu de forma mais profunda a ordem existente das coisas, foi reconhecendo cada vez mais a liberdade do contrato para o matrimônio, e sua teoria foi posta em prática como acima descrevemos. O casamento continuou sendo casamento de classe, mas, no seio da classe, concedeu-se aos interessados certa liberdade de escolha. E, no papel, tanto na teoria moral como nas narrações poéticas, nada ficou assentado de forma tão inquebrantável quanto a imoralidade de todo casamento não fundado no amor sexual recíproco e num contrato efetivamente livre dos cônjuges. Em resumo: ficava proclamado como um direito do ser humano o casamento por amor, e não apenas como direito do homem (*droit de l'homme*) [direito do homem], mas também, por exceção, como um direito da mulher (*droit de la femme*) [direito da mulher].

Mas esse direito humano diferia, em um ponto, de todos os demais chamados direitos do homem. Se, na prática, estes ficavam reservados à classe dominante, à burguesia, para a classe oprimida, o proletariado, direta ou indiretamente eram cerceados, e a ironia da história confirma-se aqui uma vez mais. A classe dominante continua submetida às influências econômicas conhecidas e só por exceção apresenta casos de casamentos consumados com toda a liberdade; já nas classes oprimidas, como temos visto, tais casamentos são a regra.

Portanto, o casamento só se consumará com toda a liberdade quando, suprimindo-se a produção capitalista e as condições de propriedade criadas por ela, tiverem sido afastadas todas as considerações econômicas acessórias que ainda exercem tão poderosa influência sobre a escolha dos cônjuges. Então o casamento já não terá outra causa determinante que não seja a inclinação recíproca.

Porém, dado que, por sua própria natureza, o amor sexual é exclusivista — ainda que em nossos dias esse exclusivismo só se realize plenamente na mulher —, o casamento fundado no amor sexual é, por sua própria natureza, monogâmico. Vimos quanta razão tinha Bachofen quando considerava a evolução do casamento grupal ao casamento monogâmico como sendo obra sobretudo da mulher; só mesmo a passagem do casamento do par à monogamia pode atribuir-se ao homem, tendo historicamente consistido, sobretudo, em rebaixar a situação das mulheres e facilitar a infidelidade dos homens.

Por isso, quando chegam a desaparecer as considerações econômicas em virtude das quais as mulheres tiveram de aceitar essa infidelidade habitual dos homens — a preocupação com sua própria existência e, mais ainda, com o futuro dos filhos —, a igualdade alcançada pela mulher, a julgar por toda a nossa experiência anterior, influirá muito mais no sentido de fazer monogâmicos os homens do que em fazer poliândricas as mulheres.

Mas o que decididamente se excluirá da monogamia serão as características que lhe foram impressas pelas relações de propriedade, às quais deve sua origem. Essas características são, em primeiro lugar, a preponderância do homem e, em segundo lugar, a indissolubilidade do casamento. A preponderância do homem no casamento é consequência tão só de sua preponderância econômica, e com ela desaparecerá por si. A indissolubilidade do casamento é consequência, em parte, das condições econômicas que engendram a monogamia e, em parte, uma tradição da época em que, ainda mal compreendida, a vinculação dessas condições econômicas com a monogamia foi exagerada pela religião. Atualmente ela já foi rompida milhares de vezes. Se o casamento fundado no amor é o único a ser moral, só pode ser moral o casamento em que persiste o amor. Porém, a duração do acesso do amor sexual é muito variável segundo os indivíduos, particularmente entre os homens; em virtude disso, quando o afeto desaparece ou é reprimido por um novo amor apaixonado, o divórcio se faz um benefício, tanto para ambas as partes como para a sociedade. Mas as pessoas deverão ser poupadas de passar pela sujeira inútil de um processo de divórcio.

Assim, pois, o que podemos conjecturar hoje acerca da regularização das relações sexuais depois da iminente supressão da produção capitalista é, mais do que tudo, de ordem negativa, limitada sobretudo ao que deve desaparecer. Mas o que virá? Isso se verá quando uma nova geração tiver crescido: uma geração de homens que nunca na vida tiveram de comprar a entrega de uma mulher por dinheiro ou com a ajuda de alguma outra força social; e uma geração de mulheres que jamais viveu a situação de se entregar a um homem em virtude de outras considerações que não o amor real, nem de recusar-se a se entregar a seu amante por medo das consequências econômicas que isso pode lhe trazer. Quando essas gerações aparecerem, mandarão para o diabo as ideias que hoje se tem acerca do que deveriam fazer. Constituirão a sua própria práxis e, em consonância com isso, criarão uma opinião pública para julgar a práxis de cada um — e ponto-final.

Mas voltemos a Morgan, de quem consideravelmente nos afastamos. A investigação histórica das instituições sociais que se desenvolveram durante o período da civilização excede os limites deste livro. Por isso, ocupamo-nos muito pouco dos destinos da monogamia durante esse período. Também Morgan vê no desenvolvimento da família monogâmica um progresso, uma aproximação da plena igualdade de direitos entre ambos os sexos, não considerando, porém, que esse objetivo tenha sido alcançado. Mas ele afirma:

> Se se reconhece o fato de que a família atravessou sucessivamente quatro formas e se encontra na quinta atualmente, surge a questão sobre se essa forma pode ser duradoura no futuro. A única coisa que se pode responder é que ela deve progredir à medida que progride a sociedade, que deve se modificar à medida que a sociedade se modifica; o mesmo como aconteceu até agora. Ela é produto do sistema social e refletirá seu estado de formação. Tendo melhorado a família monogâmica desde os começos da civilização, e de maneira bastante notável nos tempos modernos, pode-se ao menos supor que ela seja capaz de continuar se aperfeiçoando até que se chegue à igualdade entre os dois sexos. Se num futuro distante a família monogâmica não chegar a satisfazer as exigências da sociedade, é impossível prever que natureza terá a sua sucessora.[XLVIII]

## III. A *GENS* IROQUESA

Chegamos agora a uma outra descoberta de Morgan, que é pelo menos tão importante quanto a reconstrução da forma primitiva da família a contar dos sistemas de parentesco. A comprovação de que os grupos de consanguíneos designados por meio de nomes de animais no seio de uma tribo de indígenas americanos são essencialmente idênticos às *geneá* dos gregos e às *gentes* dos romanos; de que a forma americana é a forma original da *gens*, sendo a forma greco-romana uma posterior derivada; de que toda a organização social dos gregos e romanos dos tempos primitivos em *gens*, fratria e tribo encontra seu paralelo fiel na organização indo-americana; de que a *gens* (enquanto podemos julgar por nossas fontes de conhecimento) é uma instituição comum a todos os bárbaros até sua passagem para a civilização e depois dela; essa prova esclareceu, de um só golpe, as partes mais difíceis da antiga história grega e romana e, ao mesmo tempo, inesperadamente, revelou-nos os traços fundamentais do regime social da época primitiva anterior ao aparecimento do *Estado*. Por mais simples que pareça o assunto uma vez conhecido, Morgan só o descobriu nos últimos tempos. Em seu escrito anterior, que veio à lume em 1871, ainda não tinha chegado a penetrar nesse enigma, cuja descoberta deixou sem palavras por algum tempo[35] os historiadores ingleses da pré-história, sempre tão confiantes em si mesmos.

A palavra latina *gens*, que Morgan emprega para esse grupo de consanguíneos, procede, como a palavra grega de mesmo significado, *génos*, da raiz ariana comum *gan* (*kan* em alemão, onde, segundo a regra, o *k* substitui o *g* ariano), que significa "gerar". As palavras *gens* em latim, *genos* em grego, *dschanas* em sânscrito, *kuni* em gótico

---
35. Na edição de 1884, não há "por algum tempo". (N.E.O.)

(segundo a regra acima), *kyn* em antigo escandinavo e anglo-saxão, *kin* em inglês e *künne* em médio-alto alemão significam de igual modo "linhagem", "descendência". Porém, *gens* em latim ou *genos* em grego são empregadas, em especial, para designar esse grupo que se jacta de constituir uma descendência comum (do pai comum da tribo, no caso presente) e que está unido por certas instituições sociais e religiosas, formando uma comunidade particular, cuja origem e cuja natureza, até agora e apesar de tudo, mostraram-se obscuras para nossos historiadores.

Já vimos, ao tratar da família punaluana, o que é, em sua forma primitiva, a *gens*. Compõe-se de todas as pessoas que, pelo casamento punaluano e segundo as concepções que nele prevalecem necessariamente, formam a descendência reconhecida de uma mãe ancestral determinada, fundadora da *gens*. Sendo incerta a paternidade nessa forma de família, o que conta é unicamente a filiação feminina. Como os irmãos não podem se casar com suas irmãs, mas somente com mulheres de outra origem, os filhos gerados com essas mulheres estranhas ficam fora da *gens*, em virtude do direito materno. Assim, pois, ficam dentro do grupo somente os descendentes das *filhas* de cada geração; os descendentes dos filhos passam às *gens* de suas respectivas mães. O que acontece, então, com esse grupo consanguíneo assim que se constitui como grupo à parte, diante dos grupos do mesmo gênero no seio de uma mesma tribo?

Como forma clássica dessa *gens* primitiva, Morgan toma a dos iroqueses e, especialmente, a da tribo dos senecas. Há, nesta, oito *gentes*, que levam nomes de animais: 1ª, lobo; 2ª, urso; 3ª, tartaruga; 4ª, castor; 5ª, cervo; 6ª, narceja; 7ª, garça, e 8ª, falcão. Em cada *gens* há os seguintes costumes:

1. Ela elege o seu *sachem* (representante em tempo de paz) e seu líder guerreiro (chefe militar). O *sachem* deve se eleger na mesma *gens*, e suas funções nela são hereditárias, no sentido de que devem ser ocupadas de imediato ao ficar vagas. O chefe militar pode se eleger fora da *gens* e, às vezes, seu posto pode permanecer vago. Nunca se elege *sachem* o filho do anterior, por vigorar entre os iroqueses o direito materno e pertencer, portanto, o filho a outra *gens*, mas,

com frequência, se elege o irmão do *sachem* anterior ou o filho de sua irmã. Todo mundo, homens e mulheres, toma parte na eleição. Mas essa eleição deve ser ratificada pelas outras sete *gens*, e só depois de cumprida essa condição o eleito é solenemente instaurado em seu posto pelo conselho comum de toda a federação iroquesa. Mais adiante veremos a importância desse ponto. O poder do *sachem* no seio da *gens* é paternal, de natureza puramente moral. Não dispõe de nenhum meio coercitivo. Além disso, ele é membro do conselho da tribo dos senecas, assim como do conselho de toda a federação iroquesa. O chefe militar só pode dar ordens nas expedições militares.

2. A *gens* destitui o *sachem* e o chefe guerreiro a seu arbítrio. Também nesse caso, tomam parte na votação homens e mulheres juntos. Os destituídos passam a ser simples guerreiros como os demais, pessoas privadas. Também o conselho de tribo pode destituir os *sachems*, até contra a vontade da *gens*.

3. Nenhum membro tem o direito de se casar dentro da *gens*. Essa é a regra fundamental da *gens*, o vínculo que a mantém unida; é a expressão negativa do parentesco consanguíneo, muito positivo, em virtude do qual constituem uma *gens* os indivíduos nela compreendidos. Com a descoberta desse simples fato, Morgan esclareceu, pela primeira vez, a natureza da *gens*. Os relatos que nos faziam anteriormente a respeito dos selvagens e dos bárbaros provam o quão pouco se compreendera sobre a *gens* até então, relatos em que os diferentes agrupamentos cuja reunião formam a organização gentílica se confundem sem ordem nem concerto, dando-lhes, sem fazer diferença alguma, os nomes de tribo, clã, *thum*, etc., e dos quais, vez por outra, se diz que o casamento está proibido no seio de semelhantes corporações. Tal é a origem da irreparável confusão que McLennan, feito um Napoleão, tentou ordenar com o seguinte enunciado: todas as tribos se dividem em umas onde está proibido o casamento entre os membros da tribo (exogâmicas) e outras onde tal se permite (endogâmicas). E, depois de ter desencaminhado as coisas de vez, lançou-se às mais profundas investigações para estabelecer qual dessas absurdas categorias criadas por ele é a mais antiga, se a exogamia ou a endogamia. Esse absurdo cessou por si só ao se descobrir a *gens* baseada

no parentesco consanguíneo, com a resultante impossibilidade de casamento entre seus membros. É evidente que, no estado em que encontramos os iroqueses, a proibição do casamento dentro da *gens* observa-se de forma inviolável.

4. A propriedade dos falecidos passava para os demais membros da *gens*, pois não devia sair desta. Dada a pouca monta do que um iroquês podia deixar após sua morte, a herança se dividia entre os parentes gentílicos mais próximos, isto é, entre seus irmãos e irmãs carnais, e o irmão de sua mãe, se o falecido era homem; e, se era mulher, entre seus filhos e suas irmãs carnais, ficando excluídos os irmãos. Pelo mesmo motivo, o marido e a mulher não podiam ser herdeiros um do outro, nem os filhos sê-los do pai.

5. Os membros da *gens* deviam, entre si, ajuda e proteção, e sobretudo auxílio mútuo para vingar as injúrias feitas por estranhos. Cada indivíduo confiava a sua segurança à proteção da *gens*, e podia fazê-lo; todo aquele que o ferisse feria a *gens* como um todo. Daí, dos laços de sangue na *gens*, nasceu a obrigação da vingança, que foi inteiramente reconhecida pelos iroqueses. Se um estranho à *gens* matava um de seus membros, a *gens* inteira da vítima estava obrigada a vingá-lo. Primeiro, se tratava de buscar uma mediação: a *gens* do assassino se reunia em conselho e fazia proposições para a resolução do conflito de maneira pacífica com a *gens* da vítima, quase sempre oferecendo a expressão de seus sentimentos de pesar e presentes de importância considerável; se estes eram aceitos, o assunto se dava por sanado. Em caso contrário, a *gens* ofendida designava um ou vários vingadores, que eram obrigados a perseguir e a assassinar o assassino. Se assim acontecia, a *gens* desse último não tinha nenhum direito a dar queixa; o caso ficava acertado.

6. A *gens* tinha nomes determinados ou uma série de nomes que somente ela tinha o direito de usar em toda a tribo, de modo que o nome de um indivíduo indica imediatamente o pertencimento a sua *gens*. Um nome gentílico implica de antemão direitos gentílicos.

7. A *gens* pode adotar estranhos em seu seio, admitindo-os, assim, na tribo. Os prisioneiros de guerra a quem não se condenava à morte faziam-se, desse modo — ao serem adotados por uma das *gens* —,

membros da tribo dos senecas e, com isso, compartilhavam a posse de todos os direitos da *gens* e da tribo. A adoção se fazia com uma proposta individual de algum membro da *gens*, de algum homem, que aceitava o estrangeiro como irmão ou como irmã, ou de alguma mulher, que o aceitava como filho; a admissão solene na *gens* era necessária para a ratificação. Muitas vezes, *gens* muitos reduzidas em número por causas excepcionais reforçavam-se dessa forma, adotando em massa membros de outra *gens* com o consentimento desta última. Entre os iroqueses, a admissão solene na *gens* se verificava em sessão pública do conselho da tribo, o que tornava essa solenidade, de fato, uma cerimônia religiosa.

8. É difícil provar nas *gentes* indígenas a existência de solenidades religiosas especiais; porém, as cerimônias religiosas dos indígenas estão, em maior ou menor grau, relacionadas com as *gentes*. Nas seis festas anuais dos iroqueses, os *sachems* e os chefes guerreiros das *gentes* individuais eram incluídos entre os "guardiães da fé" e exerciam funções sacerdotais.

9. A *gens* tem um local comum de sepultamento. Este já desapareceu entre os iroqueses do estado de Nova York, que hoje vivem comprimidos entre os brancos, mas existiu em outros tempos. Ainda subsiste entre outros indígenas, por exemplo, os tuscaroras, parentes próximos dos iroqueses. Mesmo sendo cristãos, os tuscaroras têm no cemitério uma fila determinada de sepulturas para cada *gens*, de tal modo que a mãe está enterrada ali na mesma fileira que os filhos, mas não o pai. E, entre os iroqueses, também a *gens* inteira assiste ao enterro de um morto, ocupa-se da tumba, dos discursos fúnebres, etc.

10. A *gens* tem um conselho, a assembleia democrática dos membros adultos, homens e mulheres, todos eles com o mesmo direito de voto. Esse conselho elege e depõe os *sachems* e os chefes guerreiros, assim como o faz com os demais "guardiães da fé"; decide sobre a penitência (*Wergeld*) ou a vingança pelo homicídio de um membro da *gens*; adota os estrangeiros na *gens*. Em resumo, é o poder soberano na *gens*.

Estas são as atribuições de uma *gens* indígena característica.

Todos os seus membros são indivíduos livres, obrigados a proteger cada qual a liberdade dos demais; são iguais em direitos pessoais; nem os *sachems* nem os chefes guerreiros pretendem ter espécie alguma de preeminência, todos formam uma coletividade fraterna, unida pelos vínculos de sangue. Liberdade, igualdade e fraternidade: são estes, ainda que nunca formulados, os princípios cardeais da *gens*, e esta última é, por sua vez, a unidade de todo um sistema social, a base da sociedade indígena organizada. Isso explica o indomável espírito de independência da *gens* iroquesa e a dignidade pessoal de atitude que todos reconhecem nos indígenas.[XLIX]

Na época do descobrimento, os indígenas de toda a América do Norte estavam organizados em *gentes* segundo o direito materno. Somente em algumas tribos, como entre os dacotas, as *gentes* estavam em decadência, enquanto, em outras, como entre os ojíbuas e os omahas, estava organizada segundo o direito paterno.

Em numerosíssimas tribos indígenas que compreendem mais de cinco ou seis *gentes*, encontramos cada três, quatro ou mais destas reunidas em um grupo particular, que Morgan, traduzindo fielmente o nome indígena, chama de *fratria* (irmandade), como seu correspondente grego. Assim, os senecas tinham duas fratrias: a primeira compreende as *gentes* 1-4, a segunda, as *gentes* 5-8. Uma investigação mais profunda mostra que essas fratrias representam quase sempre as *gentes* primitivas em que inicialmente se cindiu o princípio da tribo; uma vez que, dada a proibição do casamento no seio da *gens*, cada tribo devia necessariamente compreender pelo menos duas *gentes* para ter uma existência independente. À medida que a tribo aumentava em número, cada *gens* voltava a cindir-se em duas ou mais, que desde então apareciam cada uma delas como uma *gens* particular, ao passo que a *gens* primitiva, que compreende todas as *gentes* filhas, continua existindo como fratria. Entre os senecas e a maior parte dos indígenas, as *gens* de uma das fratrias são irmãs entre si, enquanto as da outra são primas suas — designações que, como temos visto, têm no sistema de parentesco norte-americano um significado muito real e muito expressivo. Originariamente, nenhum seneca poderia se casar no seio de sua fratria; entretanto, esse uso desapareceu muito depressa e ficou limitado à *gens*. Segundo a tradição que circula entre os senecas, o "urso" e o "cervo" foram as duas *gentes* primitivas das quais se ramificaram as demais. Uma vez arraigada, essa nova organização foi se modificando segundo as necessidades; se se extinguiam as *gentes* de uma fratria, por vezes se fazia passar a ela *gentes* inteiras de outras fratrias. Por isso encontramos em diferentes tribos *gentes* de mesmo nome agrupadas em distintas fratrias.

As funções da fratria entre os iroqueses são, em parte, sociais e, em parte, religiosas. 1) As fratrias jogam bola umas contra as outras; cada uma designa seus melhores jogadores; os demais indígenas, formando grupos por fratrias, observam o jogo e apostam na vitória dos seus. 2) No conselho de tribo, sentam-se juntos os *sachems* e os chefes guerreiros de cada fratria, colocando-se frente a frente os dois grupos; cada orador fala aos representantes de cada fratria como a uma corporação particular. 3) Se na tribo se cometia um homicídio, sem pertencer à mesma fratria o assassino e a vítima, a *gens* ofendida apelava muitas vezes a suas *gentes* irmãs, que celebravam um conselho de fratria e se dirigiam à outra fratria como corporação com o fim de que esta convocasse igualmente um conselho para solucionar a questão. Nesse caso, a fratria aparece de novo como a *gens* primitiva, e com muito mais possibilidades de bom êxito que a *gens* individual, sua filha, que é mais fraca. 4) Em caso de morte de pessoas importantes, a fratria oposta se encarregava de organizar e dirigir as cerimônias dos funerais, enquanto a fratria do falecido participava de tais cerimônias como parentes em luto. Se morria um *sachem*, a fratria oposta anunciava a vacância de seu cargo no conselho da confederação dos iroqueses. 5) Quando se elegia um *sachem*, igualmente intervinha o conselho da fratria. A ratificação do eleito pelas *gentes* irmãs era tida como quase certa; porém, as *gentes* da outra fratria podiam se opor a ela. Em tal caso, se reunia o conselho dessa fratria e, se a oposição se mantivesse, a eleição era declarada sem efeito. 6) No início, os iroqueses tinham mistérios religiosos particulares, chamados pelos brancos de *medicine lodges*. Esses mistérios eram celebrados entre os senecas por duas associações religiosas, correspondentes a cada uma das fratrias, que tinham um ritual especialmente estabelecido para a iniciação de novos membros. 7) Se, como é quase certo, as quatro *linages* (linhagens) que no tempo da conquista habitavam os quatro quartos da Tlaxcala eram quatro fratrias,[L] isso prova que as fratrias constituíam também unidades militares, o mesmo que entre os gregos e em outras uniões gentílicas análogas entre os germanos; cada uma dessas quatro *linages* ia à guerra como exército independente, com seu uniforme e sua bandeira particulares, e a mando de seu próprio chefe.

Assim, como várias *gentes* formam uma fratria, de igual modo, na forma clássica, várias fratrias constituem uma tribo; em alguns casos, nas tribos muito fracas falta o elo intermediário, a fratria. O que é, pois, que caracteriza uma tribo indígena na América?

1. Um território próprio e um nome particular. Fora do local onde estava assentada verdadeiramente, cada tribo possuía, ademais, um extenso território para a caça e a pesca. Por detrás deste se estendia uma ampla faixa de terra neutra, que chegava até o território da tribo mais próxima, faixa que era mais estreita entre as tribos da mesma língua e mais ampla entre as que não a tinham em comum. Essa faixa de terra desempenhava a mesma função que o bosque limítrofe dos germanos, que o deserto que os suevos de César criavam em volta de seu território, que o *îsarnholt* (em dinamarquês *jarnved*, *limes Danicus*) entre dinamarqueses e germanos, que o *sachsenwald* e o *branibor* (eslavo: bosque protetor), que deu seu nome a Brandenburg, entre germanos e eslavos. Esse território, compreendido entre fronteiras tão incertas, era o país comum da tribo, reconhecido como tal pelas tribos vizinhas e que ela própria defendia contra os invasores. Na maioria dos casos, a imprecisão das fronteiras não produzia inconvenientes práticos, só mesmo quando a população crescia de modo considerável. Os nomes das tribos parecem se dever à casualidade, mais do que a uma escolha intencional; com o tempo, era frequente que uma tribo se fizesse conhecida entre suas vizinhas com um nome distinto do que ela mesma se dava; de modo semelhante ao que ocorre com os alemães, a quem os celtas chamaram "germanos", sendo este o seu primeiro nome histórico coletivo.

2. Um *dialeto* particular, próprio tão somente dessa tribo. De fato, a tribo e o dialeto são substancialmente uma e a mesma coisa. A formação de novas tribos e novos dialetos em razão de uma cisão acontecia até pouco tempo antes na América, e ainda não deve ter cessado por completo. Ali, onde duas tribos debilitadas se fundem em uma só, ocorre, excepcionalmente, que na mesma tribo se falem dialetos muito próximos. A força numérica média das tribos estadunidenses é de umas duas mil almas; no entanto, os cheroquis são 26 mil, o maior número de indígenas dos Estados Unidos a falar um mesmo dialeto.

3. O direito de dar posse de seu cargo aos *sachems* e aos chefes guerreiros eleitos pelas *gentes*.

4. O direito de exonerar os *sachems* e os chefes guerreiros até contra a vontade de suas respectivas *gens*. Como os *sachems* e os líderes guerreiros são membros do conselho de tribo, esses direitos da tribo relativos a eles se explicam *de per si*. Ali onde se formou uma confederação de tribos e onde o conjunto destas se faz representado por um conselho da confederação, esses direitos passam a este último.

5. A posse de ideias religiosas (mitologia) e cerimônias de culto comuns. "Os indígenas eram, à sua maneira bárbara, um povo religioso".[1.1] Sua mitologia ainda não se fez objeto de investigações críticas. Personificavam suas ideias religiosas — espíritos de todo tipo —, porém, o estado inferior da barbárie no qual estavam ainda não conhece representações plásticas, os assim chamados ídolos. É deles um culto da natureza e dos elementos que tende ao politeísmo. As diferentes tribos tinham suas festas regulares, com formas de culto determinadas, principalmente a dança e os jogos. A dança, sobretudo, era uma parte essencial de todas as solenidades religiosas. Cada tribo celebrava separadamente suas próprias festas.

6. Um conselho de tribo para os assuntos comuns. Compunha-se dos *sachems* e dos chefes guerreiros de todas as *gentes*, de seus representantes reais, visto que eram sempre passíveis de destituição. O conselho deliberava publicamente, em meio aos demais membros da tribo, que tinham o direito de tomar a palavra e fazer ouvir a sua opinião; o conselho decidia. Por regra geral, todos os presentes ao ato eram ouvidos mediante solicitação, e também as mulheres podiam

expressar seu parecer mediante um orador escolhido por elas. Entre os iroqueses, as resoluções definitivas deviam ser tomadas por unanimidade, como se requeria para certas decisões nas comunidades das marcas alemãs. O conselho da tribo via-se encarregado, particularmente, de regular as relações com as tribos estranhas. Recebia e mandava embaixadas, declarava a guerra e concertava a paz. Se chegava a haver guerra, esta era quase sempre feita por voluntários. Em princípio, cada tribo se considerava em estado de guerra com toda outra tribo com a qual não houvera expressamente chegado a um tratado de paz. As expedições contra essa classe de inimigos eram organizadas, na maioria dos casos, por alguns guerreiros notáveis. Eles executavam uma dança guerreira, e todo aquele que nela os acompanhasse declarava, com isso, o seu desejo de participar da campanha. Em seguida se formava um destacamento e marchava-se. De igual maneira, na maior parte das vezes, grupos de voluntários encarregavam-se da defesa do território da tribo atacada. A saída e o regresso dessas colunas de guerreiros eram sempre motivo de festividades públicas. Para essas expedições não era necessária a aprovação do conselho da tribo, aprovação esta que nem era pedida nem dada. Essas expedições eram exatamente como as expedições guerreiras particulares das companhias germânicas, tais como descritas por Tácito, com a única diferença de que os grupos de guerreiros tinham já entre os germanos um caráter mais fixo, constituindo um único núcleo, organizado em tempos de paz, em torno do qual se agrupavam os demais voluntários em caso de guerra. Os destacamentos dessa espécie raras vezes eram numerosos; as mais importantes expedições dos indígenas, mesmo para grandes distâncias, realizavam-se com forças insignificantes. Quando se juntavam vários desses destacamentos para realizar uma grande empresa, cada um deles obedecia a seu próprio chefe; a unidade do plano de campanha assegurava-se, bem ou mal, por meio de um conselho desses chefes. Essa é a maneira com que faziam a guerra os alamanos do alto Reno no século IV, segundo a descrição de Amiano Marcelino.

7. Em algumas tribos encontramos um chefe supremo (*Oberhäuptling*), cujas atribuições são sempre muito reduzidas.

É um dos *sachems*, que, quando se requer uma ação rápida, deve tomar medidas provisórias até que possa reunir-se o conselho para tomar as resoluções finais. É um débil germe de poder executivo, germe que quase sempre se torna estéril no transcurso da evolução posterior; esse poder, como veremos, na maioria dos casos, se não em todos, advém do chefe militar supremo (*obersten Heerführer*).

A grande maioria dos indígenas norte-americanos não foi além da união em tribos. Estas, pouco numerosas, separadas umas das outras por amplas zonas fronteiriças e debilitadas por causa de contínuas guerras, ocupavam imensos territórios muito pouco povoados. Aqui e ali se formavam alianças entre tribos consanguíneas por efeito de necessidades momentâneas, e com as necessidades também cessavam as alianças. Mas, em certas regiões, tribos parentes em sua origem e separadas depois tornaram a se unir em confederações permanentes, dando, assim, o primeiro passo para a formação de nações. Nos Estados Unidos, encontramos a forma mais desenvolvida de uma confederação dessa espécie entre os iroqueses. Abandonando suas residências a oeste do Mississippi — onde provavelmente tinham formado um ramo da grande família dos dacotas —, depois de grandes peregrinações estabeleceram-se no atual estado de Nova York, divididos em cinco tribos: os senecas, os caiugas, os onondagas, os oneidas e os mohawks. Viviam da pesca, da caça e de uma horticultura rudimentar e habitavam aldeias, em sua maioria fortificadas com paliçadas. Jamais excederam os vinte mil; tinham muitas *gentes* comuns nas cinco tribos, falavam dialetos parecidíssimos da mesma língua e ocupavam um território compacto, repartido entre as cinco tribos. Sendo esse território de conquista recente, era natural a união habitual dessas tribos contra os povos expulsos, e, nos primeiros anos do século XV, o mais tardar, converteu-se em uma "liga perpétua", em uma confederação que, compreendendo sua nova força, não tardou a assumir um caráter agressivo; e, ao chegar a seu apogeu, por volta de 1675, tinha conquistado em seu entorno vastos territórios, cujos habitantes havia em parte expulsado e em parte feito tributários. A confederação iroquesa apresenta a organização social mais desenvolvida a que chegaram os indígenas antes de sair do estado inferior da barbárie (assim com a exceção dos mexicanos, dos neomexicanos e dos peruanos). Os traços principais da confederação eram os seguintes:

1. Liga perpétua das cinco tribos consanguíneas baseada em sua plena igualdade e na independência em todos os seus assuntos interiores. Essa consanguinidade formava o verdadeiro fundamento da liga. Das cinco tribos, três levavam o nome de tribos mães e eram irmãs entre si, como o eram igualmente as outras duas, que se chamavam de tribos filhas. Três *gentes* — as mais antigas — tinham ainda representantes vivos em todas as cinco tribos, e outras três *gentes*, em três tribos. Os membros de cada uma dessas *gentes* eram irmãos entre si em todas as cinco tribos. A língua comum, sem mais diferenças além das dialetais, era a expressão e a prova da linhagem comum.

2. O órgão da liga era um conselho federal de cinquenta *sachems*, todos de igual hierarquia e dignidade; esse conselho decidia, em última instância, todos os assuntos da liga.

3. Quando se fundou a liga, esses cinquenta *sachems* se distribuíram entre as tribos e as *gentes*, e eram seus portadores os representantes dos novos cargos expressamente instituídos para os fins da confederação. A cada vacância, eram eleitos de novo pelas *gentes* interessadas e podiam ser destituídos por elas a qualquer tempo, mas o direito de lhes dar posse de seu cargo cabia ao conselho confederativo.

4. Esses *sachems* da confederação eram também *sachems* em suas respectivas tribos e tinham voz e voto no conselho de tribo.

5. Todas as decisões do conselho confederativo deviam ser tomadas por unanimidade.

6. O voto se dava por tribo, de tal modo que todas as tribos, e em cada uma delas, todos os membros do conselho deviam votar com unanimidade para que se pudesse tomar uma decisão válida.

7. Cada um dos cinco conselhos de tribo podia convocar o conselho confederativo; porém, este não podia se autoconvocar.

8. As sessões eram celebradas diante do povo reunido; cada iroquês podia tomar a palavra; somente o conselho decidia.

9. A confederação não tinha nenhuma pessoa a liderá-la, nenhum chefe com poder executivo.

10. Pelo contrário, tinha dois chefes de guerra supremos, com iguais atribuições e poderes (os dois "reis" de Esparta, os dois cônsules de Roma).

Essa é toda a constituição social sob a qual viviam e ainda vivem os iroqueses há mais de quatrocentos anos. Eu a descrevi com detalhes, seguindo Morgan, porque aqui podemos estudar a organização de uma sociedade que ainda não conhecia o *Estado*. O Estado pressupõe um poder público particular, separado do conjunto dos respectivos cidadãos que o compõem. E Maurer reconhece, com fiel instinto, a constituição da marca alemã como uma instituição puramente social, diferente, por essência, do Estado, ainda que mais tarde tenha vindo a lhe servir de base. Em todos os seus escritos, Maurer observa que o poder público nasce gradualmente tanto a partir das constituições primitivas das marcas, das aldeias, dos senhorios e das cidades, quanto à margem delas. Entre os indígenas da América do Norte, vemos como uma tribo, unida em um princípio, difunde-se pouco a pouco por um continente imenso; como, mediante cisão, as tribos se convertem em povos, em grupos inteiros de tribos; como se modificam as línguas, não só até chegarem a ser incompreensíveis umas para as outras, mas até o ponto de desaparecer todo vestígio da unidade original; como no seio das tribos se cindem em várias as *gentes* individuais, e as velhas *gentes* mães se mantêm sob a forma de fratrias; e como os nomes dessas *gentes* mais antigas se perpetuam nas tribos mais distantes e há muito separadas — o lobo e o urso continuam a ser nomes gentílicos na maior parte das tribos indígenas. E a todas essas tribos corresponde, em amplos traços, a constituição acima descrita, com a única exceção de que muitas delas não chegam à liga entre tribos parentes.

Mas dada a *gens* como unidade social, vemos também com que necessidade quase inevitável, por ser natural, dessa unidade se deduz toda a constituição das *gentes*, da fratria e da tribo. Todas as três são grupos de diferentes gradações de consanguinidade, encerrados cada qual em si mesmos e a ordenar seus próprios assuntos, mas completando também os demais. E o círculo dos assuntos que lhes compete abarca o conjunto dos assuntos públicos dos bárbaros do estado inferior. Assim, pois, sempre que encontramos a *gens* como unidade social de um povo, também devemos buscar uma organização da tribo semelhante à aqui descrita; e ali, onde, como entre os gregos e os romanos, não faltarem as fontes de conhecimento, não apenas a encontraremos, mas, além disso, nos convenceremos de que, em toda a parte onde essas fontes nos abandonam, a comparação com a constituição social americana nos ajuda a responder as dúvidas e a adivinhar os mais difíceis enigmas.

Admirável constituição esta da *gens*, com toda a sua ingênua simplicidade! Sem soldados, nem guardas, nem polícia, sem nobreza, sem reis, governadores, prefeitos ou juízes, sem cárceres nem processos, tudo segue com regularidade. Todas as querelas e todos os conflitos são sanados pela coletividade a que dizem respeito, ou a *gens* ou a tribo, ou as diversas *gentes* entre si; só mesmo como último recurso, raras vezes empregado, aparece a vingança, da qual nossa pena de morte não é mais que uma forma civilizada, com todas as vantagens e todos os inconvenientes da civilização. Não faz falta nem sequer uma parte mínima do atual aparato administrativo, tão vasto e tão complicado, por mais que sejam muitos mais os assuntos comuns em nossos dias, pois a economia doméstica é comum para uma série de famílias e é comunista; o solo é propriedade da tribo, e os habitantes dispõem apenas, em caráter temporal, de pequenas hortas. Os próprios interessados resolvem as questões e, na maioria dos casos, um uso secular já tudo regulamentou. Não pode haver pobres nem necessitados: a família comunista e a *gens* conhecem suas obrigações para com os anciãos, os enfermos e os inválidos de guerra. Todos são iguais e livres — incluindo as mulheres. Ainda não há escravizados e, por regra geral, tampouco se dá a subjugação de tribos estranhas. Quando os iroqueses venceram, em 1651, os eries e a "nação neutra",[LII] propuseram que eles entrassem na confederação com iguais direitos. Só mesmo quando os vencidos recusaram a oferta é que foram expulsos de seu território. A admiração de todos os homens brancos — que trataram com indígenas não degenerados — diante da dignidade pessoal, da retidão, da energia de caráter e da valentia desses bárbaros prova o tipo de homens e mulheres que semelhante sociedade produziu.

Em tempos recentes, tivemos na África exemplos dessa valentia. Há alguns anos, os cafres do povo zulu e, há alguns meses, os núbios — as duas tribos nas quais ainda não se extinguiram as instituições gentílicas — fizeram o que não saberia fazer nenhuma tropa europeia.[LIII] Armados apenas com lanças e dardos, sem armas de fogo, avançaram sob a chuva de balas dos fuzis da infantaria inglesa — reconhecida como a primeira do mundo no combate à formação cerrada — até o alcance da baioneta, mais de uma vez, desorganizando-a e derrubando-a, apesar da colossal desproporção entre as armas; além disso, não prestavam nenhuma espécie de serviço militar nem sabiam desse tipo de instrução. O que puderam fazer e suportar, nós o sabemos pelas lamentações dos ingleses, segundo os quais um cafre consegue em 24 horas fazer um trajeto maior, e em maior velocidade, que um cavalo: "Até o seu menor músculo sobressai, enrijecido, duro como uma fibra de chicote", dizia um pintor inglês.

Tal era o aspecto dos homens e da sociedade humana antes que se produzisse a divisão entre as classes sociais. E, se compararmos a sua situação com a da imensa maioria dos homens civilizados de hoje, veremos que é enorme a diferença entre o proletário ou o camponês de nossos dias e o antigo membro livre de uma *gens*.

Esse é um aspecto da questão. Mas não nos esqueçamos de que essa organização estava fadada a perecer. Não foi mais além da tribo; a confederação das tribos indica já o começo de sua decadência, como o veremos e como já o temos visto nas tentativas feitas pelos iroqueses de submeter outras tribos. O que estava fora da tribo estava fora da lei. Onde não existia expressamente um tratado de paz, a guerra reinava entre as tribos e era feita com a crueldade que distingue o ser humano do restante dos animais, e que só mais adiante se fez suavizada pelo interesse. O regime da *gens* em pleno florescimento, como vimos na América, supunha uma produção extremamente rudimentar, e, por conseguinte, uma população bastante disseminada num vasto território; portanto, uma sujeição quase completa do homem à natureza exterior, incompreensível e alheia para o homem, o que se reflete em suas pueris ideias religiosas. A tribo era a fronteira do homem, o mesmo valendo contra os estranhos como para si mesmo:

a tribo, a *gens* e suas instituições eram sagradas e invioláveis, constituíam um poder superior dado pela natureza, ao qual cada indivíduo ficava absolutamente submetido em seus sentimentos, ideias e atos. Por mais imponentes que nos pareçam os homens dessa época, apenas assim se diferenciavam uns dos outros; estavam ainda sujeitos, como diz Marx, ao cordão umbilical da comunidade primitiva. O poderio dessas comunidades primitivas tinha de se quebrar, e se quebrou. Mas se desfez por influências que, desde o início, nos são apresentadas como uma degradação, como uma queda no pecado das singelas alturas morais da antiga sociedade da *gens*. Os interesses mais vis — a reles ganância, a brutal avidez pelos gozos, a sórdida avareza, o roubo egoísta da propriedade comum — inauguram a nova sociedade civilizada, a sociedade de classes; os meios mais vergonhosos — o roubo, a violência, a perfídia, a traição — minam a antiga sociedade da *gens*, sociedade sem classes, e a conduzem à sua perdição. E a mesma nova sociedade, durante os três quartos de milênio de sua existência, em momento algum foi mais que o desenvolvimento de uma ínfima minoria à custa de uma imensa maioria de explorados e oprimidos, e isto ela é hoje mais do que nunca.

# IV. A *GENS* GREGA

Nos tempos pré-históricos, os gregos, como os pelasgos e outros povos congêneres, estavam já constituídos segundo a mesma série orgânica que os norte-americanos: *gens*, fratria, tribo, confederação de tribos. Podia faltar a fratria, como nos dórios; a confederação de tribos não chegava a se formar em todas as partes, mas, em todos os casos, a *gens* era a unidade orgânica. Na época em que aparecem na história, os gregos se encontram nos umbrais da civilização; entre eles e as tribos norte-americanas sobre as quais falávamos mediam quase dois grandes períodos de desenvolvimento, que os gregos da época heroica levam de vantagem sobre os iroqueses. Por isso a *gens* dos gregos de modo algum é a *gens* arcaica dos iroqueses; o selo do casamento por grupos[36] começa a borrar-se de maneira notável. O direito materno cedeu o posto ao direito paterno; por isso mesmo a riqueza privada, no processo de surgimento, abriu a primeira brecha na constituição gentílica. Uma segunda brecha é consequência natural da primeira: ao introduzir-se o direito paterno, o patrimônio de uma rica herdeira passa, quando contrai matrimônio, ao seu marido, isto é, a outra *gens*, com o que se destrói todo o fundamento do direito gentil; portanto, não apenas se tem por lícito, mas até por *mandatório* nesse caso, que a jovem núbil se case dentro de sua *gens* para que os bens não saiam desta.

Segundo a história da Grécia de Grote,[LIV] a *gens* ateniense, em particular, estava consolidada graças:

1. Às solenidades religiosas comuns e ao direito de sacerdócio em honra a um deus determinado, o suposto fundador da *gens*, designado nesse conceito com um sobrenome especial.

---

36. Na edição de 1884, consta "família punaluana". (N.E.O.)

2. Aos lugares comuns de sepultamento (ver *Eubúlides*, de Demóstenes).[LV]

3. Ao direito hereditário recíproco.

4. À obrigação recíproca de se prestar auxílio, socorro e apoio contra a violência.

5. Ao direito e ao dever recíprocos de casar-se em certos casos dentro da *gens*, sobretudo em situações que envolvessem filhas órfãs ou herdeiras.

6. A posse, em certos casos, pelo menos, de uma propriedade comum, com um *árchon* (preposto) e um tesoureiro próprios.

Em seguida a fratria agrupava várias *gens*, ainda que os laços entre elas fossem menos estreitos; no entanto, também aqui há direitos e deveres recíprocos de uma espécie análoga, sobretudo a comunidade de certos ritos religiosos e o direito de perseguir o homicida no caso de assassinato de um membro da fratria. O conjunto das fratrias de uma tribo tinha, por sua vez, cerimônias sagradas periódicas, sob a presidência de um *fylobasileus* (chefe da tribo) eleito entre os nobres (eupátridas).

Aqui Grote se detém. E Marx acrescenta: "Mas detrás da *gens* grega se reconhece o selvagem (por exemplo, o iroquês)". Ele vai aparecer de maneira mais inequívoca, tão logo prossigamos um pouco mais.

A *gens* grega tem também os seguintes traços característicos:

7. A descendência segundo o direito paterno.

8. A proibição do casamento dentro da *gens*, exceção feita ao casamento com as herdeiras. Essa exceção, erigida em preceito, indica o vigor da antiga regra. Esta, por sua vez, resulta do princípio geralmente adotado de que a mulher, por seu matrimônio, renunciava aos ritos religiosos de sua *gens* e passava aos do marido, em cuja fratria ela estava inscrita. De acordo com isso, e segundo uma conhecida passagem da regra de Dicearco,[LVI] o casamento fora da *gens* era a regra. Becker, em sua *Charikles*, afirma que ninguém podia se casar no seio de sua própria *gens*.[LVII]

9. O direito de adoção na *gens*, exercido mediante a adoção na família, mas com formalidades públicas e só em casos excepcionais.

10. O direito de eleger e depor os chefes. Sabemos que cada *gens* tinha o seu *árchon*; mas em parte alguma se diz que esse cargo fosse hereditário em determinadas famílias. Até o período final da barbárie, as probabilidades vão no sentido contrário ao da herança rigorosamente observada dos cargos, que é de todo incompatível com um estado de coisas no qual ricos e pobres tinham, no *seio* da *gens*, direitos absolutamente iguais.

Não apenas Grote, mas também Niebuhr, Mommsen e todos os demais historiadores que se ocuparam até aqui da Antiguidade clássica falharam diante da *gens*. Por mais corretamente que tenham descrito muitos de seus traços distintivos, o certo é que sempre viram nela um *grupo de famílias* e, por isso, não puderam compreender a natureza e a origem da *gens*. Sob a constituição da *gens*, a família jamais pôde ser uma célula orgânica, porque o marido e a mulher pertenciam necessariamente a duas *gentes* diferentes. A *gens* entrava inteira na fratria, e esta, na tribo; a família entrava parte na *gens* do marido e parte na da mulher. Tampouco o Estado reconhece a família no direito público; até hoje ela só existe para o direito privado. E, no entanto, todos os trabalhos históricos escritos até o presente partem da absurda suposição, que chegou a ser inviolável, sobretudo no século XVIII, de que a família monogâmica, dificilmente mais antiga que a civilização, é o núcleo em torno do qual foram se cristalizando pouco a pouco a sociedade e o Estado.

"Façamos notar ao senhor Grote", diz Marx, "que, ainda quando os gregos fazem derivar suas *gentes* da mitologia, nem por isso deixam de ser essas *gentes* mais antigas que a mitologia, com seus deuses e semideuses, que é criada *por elas mesmas*".

Morgan cita de preferência Grote, por se tratar de um testemunho proeminente e nada suspeito. Mais adiante, Grote refere que cada *gens* ateniense tinha um nome derivado de seu suposto fundador; que, antes de Sólon de modo geral, e depois dele em caso de morte, os membros da *gens* (os *gennêtes*) do falecido herdavam seu patrimônio; e que em caso de morte violenta o direito e o dever de perseguir o assassino diante dos tribunais correspondia primeiro aos parentes mais próximos, depois ao restante dos gentis e, por último, aos membros da fratria da vítima. "Tudo o que sabemos acerca das antigas leis atenienses está fundado na divisão em *gentes* e fratrias".LVIII

A descendência das *gentes* de antepassados comuns produziu muitos quebra-cabeças aos "filisteus escolados" de que fala Marx. Como naturalmente consideram os ancestrais comuns como puro mito, eles simplesmente não conseguem explicar de modo algum como as *gens* podem ter se formado de famílias distintas, sem nenhuma consanguinidade original, mas precisam fazê-lo para explicar como as *gentes* vieram a existir. Para tanto, recorrem a um dilúvio de palavras que giram num círculo vicioso e não vão mais além da seguinte proposição: a genealogia é pura fábula, mas a *gens* é uma realidade. E, finalmente, Grote afirma — com interpolações de Marx:

> Raras vezes ouvimos falar dessa árvore genealógica, porque ela só se exibe em casos particularmente solenes. Porém, as *gens* de menor importância tinham práticas religiosas comuns próprias delas (estranho isso, senhor Grote!) e um antepassado sobrenatural, assim como uma árvore genealógica comum, igual às mais célebres (mas que estranho é tudo isso, senhor Grote, nas *gentes* de menor importância); o plano fundamental e a base ideal (não *ideal*, cavalheiro, mas, sim, carnal, ou, dito em bom alemão, *fleischlich*!) eram iguais para todas elas.LIX

Marx resume como segue a resposta de Morgan a essa argumentação:

> (...) o sistema de consanguinidade que corresponde à *gens* em sua forma primitiva — e os gregos a tiveram, como os demais mortais — assegurava o conhecimento dos graus de parentesco de todos os membros das *gentes* entre si. Aprendiam isso, que tinha para eles suma importância, na prática, desde a infância mais remota. Com a família monogâmica, tal caiu em esquecimento. O nome gentílico criou uma genealogia junto à qual parecia insignificante a da família monogâmica. Agora esse nome devia confirmar o fato de sua descendência comum a quem o levava; mas a genealogia da *gens* remontava a tempos tão distantes que seus membros já não podiam demonstrar seu parentesco recíproco real, exceto num

pequeno número de casos em que os ascendentes comuns eram mais recentes. O próprio nome era uma prova irrecusável da precedência comum, salvo nos casos de adoção. Em compensação, negar de fato toda a consanguinidade entre os gentis, como o fizeram Grote e Niebuhr, que transformaram a *gens* em uma criação puramente imaginária e poética, é digno de exegetas "ideais", isto é, dos que ficam encerrados entre quatro paredes. Uma vez que o encadeamento das gerações, sobretudo desde a aparição da monogamia, se perde na distância dos tempos, e uma vez que a realidade passada aparece refletida nas ima*gens* fantásticas da mitologia, os bons burgueses filisteus deduziram e deduzem ainda que uma genealogia imaginária teria criado *gentes* reais!

A fratria, como entre os norte-americanos, era uma *gens* mãe dividida entre várias *gentes* filhas, às quais servia de laço de união e que não raro fazia com que todas descendessem de um antepassado comum. Assim, segundo Grote, "todos os contemporâneos da fratria de Hecateo tinham um só e mesmo deus por avô em décimo sexto grau".[LX] Portanto, todas as *gentes* daquela fratria eram, ao pé da letra, *gentes* irmãs. A fratria aparece já como unidade militar em Homero, na célebre passagem em que Nestor dá o seguinte conselho a Agamenon: "Coloque os homens por tribos e por fratrias, para que a fratria preste auxílio à fratria, e a tribo, à tribo"[LXI] — a fratria tinha também o direito e o dever de castigar o homicídio perpetrado na pessoa de um frater, o que indica que, em tempos anteriores, tenha existido o dever da vingança de sangue. Além disso, ela tinha festas e santuários comuns: de um modo geral, o desenvolvimento da mitologia grega a partir do culto à natureza, tradicional nos anos, deveu-se essencialmente às *gentes* e às fratrias, e se produziu no seio destas. A fratria tinha também um chefe (fratriarcos) e, segundo De Coulanges, assembleias cujas decisões eram obrigatórias, um tribunal e uma administração. Posteriormente, o Estado mesmo, que ignorava a existência das *gens*, deixava à fratria certas funções públicas de caráter administrativo.

A reunião de várias fratrias aparentadas forma a tribo. Na Ática havia quatro tribos, cada uma de três fratrias que tinham cada qual trinta *gentes*. Uma determinação tão precisa dos grupos supõe uma intervenção consciente e metódica na ordem espontaneamente nascida. Como, quando e por que se deu isso não o diz a história grega, e os próprios gregos conservam a memória somente da época dos heróis e não além.

As diferenças de dialeto estavam menos desenvolvidas entre os gregos — aglomerados em um território relativamente pequeno — do que nas vastas florestas norte-americanas; não obstante, também aqui somente tribos da mesma língua-mãe aparecem reunidas a formar grandes agrupamentos; e até a pequena Ática tem o seu próprio dialeto, que mais tarde passou a ser a língua predominante em toda a prosa grega.

Nos poemas homéricos, geralmente encontramos a maior parte das tribos gregas reunidas formando pequenos povos, no seio dos quais, no entanto, conservavam ainda completa independência as *gentes*, as fratrias e as tribos. Esses povos já viviam em cidades amuralhadas; a densidade populacional aumentava à medida que aumentavam os rebanhos, desenvolvia-se a agricultura e iam nascendo os ofícios manuais; ao mesmo tempo, cresciam as diferenças de riqueza e, com estas, o elemento aristocrático no seio da antiga democracia primitiva, nascida naturalmente. Os distintos povos mantinham incessantes guerras pela posse dos melhores territórios e também, claro está, pelo butim; a escravização dos prisioneiros de guerra era uma instituição já reconhecida.

A constituição dessas tribos e desses pequenos povos era, naquele momento, a seguinte:

1. A autoridade permanente era o conselho (*bulê*), primitivamente formado talvez pelos chefes das *gentes* e, mais tarde, quando o número destas chegou a ser demasiado grande, por um grupo de indivíduos eleitos, o que fez desenvolver e reforçar o elemento aristocrático. Dioniso diz que o conselho da época heroica estava constituído por aristocratas (*kratistoi*).[LXII] O conselho decidia sobre os assuntos importantes. Em Ésquilo, o conselho de Tebas chega ao acordo, decisivo na situação de sepultar Etéocles com grandes honras e de lançar o cadáver de Polinices aos cães. Com a instituição do Estado, esse conselho se converteu em Senado.

2. A *assembleia do povo* (ágora). Entre os iroqueses, vimos que o povo, homens e mulheres, circunda a assembleia do conselho, toma ali a palavra de maneira ordenada e influi, desse modo, em suas determinações. Entre os gregos homéricos, esses "circunstantes", para empregar uma expressão jurídica do alemão antigo, *Umstand*, converteram-se já numa verdadeira assembleia geral do povo, o mesmo tendo se dado entre os germanos dos tempos primitivos. Essa assembleia era convocada pelo conselho para decidir sobre os assuntos importantes; cada homem podia fazer uso da palavra. A decisão se formava com o levantar das mãos (Ésquilo, em *As suplicantes*) ou por aclamação. A assembleia era soberana em última instância, porque, como diz Schömann (*Griechiche Alterthümer* [Antiguidades gregas]): "Quando se trata de uma coisa que, para executar-se, exige a cooperação do povo, Homero não nos indica nenhum meio pelo qual o povo possa ser forçado a isso contra a sua vontade".[LXIII]

Naquela época, quando todo membro adulto da tribo era guerreiro, não havia ainda um poder público separado do povo e que pudesse se opor a ele. A democracia primitiva ainda estava em pleno florescimento, e isso deve servir de ponto de partida para julgar o poder e a situação do conselho e do *basileus*.

3. O comandante das tropas (*basileus*). Acerca disso, Marx observa:

> Os eruditos europeus, em sua maioria lacaios natos dos príncipes, fazem do *basileus* um monarca no sentido moderno do termo. O republicano ianque Morgan protesta contra essa ideia. Vale-se de termos bastante irônicos, porém verdadeiros, do untuoso Gladstone e de sua obra *Juventus Mundi*: "Mister Gladstone nos apresenta aos chefes gregos dos tempos heroicos como reis e príncipes, e, de quebra, diz que seriam também *gentlemen*; mas ele próprio se vê obrigado a reconhecer que, de modo geral, parece-nos encontrar suficientemente, mas não rigorosamente estabelecido, o costume ou a lei do direito de primogenitura".[LXIV]

É de se supor que um direito de primogenitura com tais reservas deve parecer ao próprio senhor Gladstone suficientemente, ainda que não com todo o rigor, privado da mais mínima importância.

Já vimos qual era o estado de coisas com respeito à herança das funções superiores entre os iroqueses e os demais indígenas. Todos os cargos eram eletivos, a maior parte no seio mesmo da *gens*, sendo hereditários nesta. Pouco a pouco se chegou a dar preferência, em caso de vacância, ao parente gentílico mais próximo — ao irmão ou ao filho da irmã —, sempre que não houvesse motivos para excluí-lo. Portanto, se entre os gregos, sob o império do direito paterno, o cargo de *basileus*, via de regra, passava ao filho ou a um dos filhos, isso simplesmente demonstra que os filhos tinham ali em seu favor a probabilidade de sucessão legal por eleição popular, mas de modo algum prova a sucessão hereditária por direito sem o voto popular. Aqui vemos, entre os iroqueses e entre os gregos, o primeiro germe de famílias nobres, com uma situação especial dentro das *gentes*, e entre os gregos também o primeiro germe da futura chefia militar hereditária ou da monarquia. Por conseguinte, é provável que, entre os gregos, o *basileus* devesse ser o eleito pelo povo ou confirmado pelos órgãos reconhecidos por este — o conselho ou a ágora —, tal como se praticava com relação ao "rei" (*rex*) romano.

Na *Ilíada*, o chefe dos homens, Agamenon, aparece não como o rei supremo dos gregos, mas como o general em chefe de um exército coligado ante uma cidade sitiada. E Ulisses, quando explodem dissensões entre os gregos, apela a essa qualidade na famosa passagem: "Não é bom que muitos mandem de uma vez, um só sabe dar ordens", etc. (O tão apreciado verso em que se trata do cetro é um acréscimo posterior).[LXV]

> Ulisses, aqui, não profere uma preleção sobre uma forma de governo, mas, sim, pede que se obedeça ao general em chefe em campanha. Entre os gregos, que só aparecem diante de Troia como exército, a ordem imperante na ágora é bastante democrática. Quando Aquiles fala de presentes, isto é, da repartição do butim, não encarrega dessa repartição nem a Agamenon nem a nenhum outro *basileus*, mas, sim, "aos filhos dos aqueus", isto é, ao povo. Os atributos "engendrado por Zeus" e "criado por Zeus" nada provam, uma vez que *cada gens* descende de um deus e a *gens* do chefe da tribo descende de um "mais nobre" — aqui

de Zeus. Até os indivíduos não livres, como o pastor de porcos Eumeus, e outros, são "divinos" (*dioi* e *theioi*), e isso na *Odisseia*, ou seja, em época bem posterior à descrita pela *Ilíada*. Também na Odisseia o nome Heros é dado ao mensageiro Múlio, bem como ao cantor cego Demódoco. Em resumo: o termo "*basileia*", que os escritores gregos empregam para designar a chamada realeza homérica, acompanhada de um conselho e de uma assembleia do povo, significa, simplesmente, democracia militar (porque o comando do exército era o seu traço distintivo principal). (Marx)

Além de suas atribuições militares, o *basileus* tinha também atribuições religiosas e judiciais; estas últimas eram indeterminadas, mas as primeiras ele as tinha como representante supremo da tribo ou da confederação das tribos. Nunca se fala em atribuições civis, administrativas, ainda que o *basileus* parece ter sido membro do conselho, e isso por força de seu cargo. Traduzir "*basileus*" pela palavra [alemã] *König* (*Kuning*) é, pois, etimologicamenate bastante exato, uma vez que *König* (*Kuning*) deriva de *Kuni* (*Künne*) e significa "chefe de uma *gens*". Mas o *basileus* da Grécia Antiga não corresponde de nenhuma forma ao sentido atual da palavra *König* (rei). Tucídides chama expressamente a antiga *basileia* de uma *patrikê*, isto é, derivada das gentes, e diz que ela teve atribuições fixas, e, portanto, limitadas.[LXVI] E Aristóteles afirma que a *basileia* dos tempos heroicos foi uma chefia militar exercida sobre homens livres, e o *basileus*, um chefe militar, juiz e sumo-sacerdote.[LXVII] Não tinha, por conseguinte, nenhum poder governamental no sentido posterior que veio a assumir o termo.[37]

---

37. A exemplo do que se deu para o *basileus* grego, o chefe militar asteca foi apresentado falsamente como um príncipe no sentido moderno. De forma pioneira, Morgan submeteu a uma crítica histórica os relatos dos espanhóis, no início equivocados e exagerados, mais tarde mentirosos, pela consciência de que se equivocavam e exageravam, e provou-se que os mexicanos se encontravam no estágio intermediário da barbárie, em um grau superior, entretanto, ao dos indígenas *pueblo* do Novo México; e que seu regime social, até onde os relatos tergiversados permitem saber, vinha a ser o seguinte: uma confederação de três tribos, que tinham feito tributário certo número de outras tribos, governada por um conselho confederativo e um chefe militar da confederação; os espanhóis fizeram deste último um "imperador". (N.A.)

Assim, pois, na constituição grega da época heroica vemos ainda plena de vigor a antiga organização gentílica, mas também observamos o início de sua decadência: o direito paterno com herança dos bens pelos filhos, o que facilita o acúmulo das riquezas na família e faz desta um poder contrário à *gens*; a repercussão da diferença de riqueza sobre a constituição social mediante a formação dos germes de uma nobreza hereditária e de uma monarquia; a escravidão, que no início compreendeu apenas os prisioneiros de guerra, mas que abriu caminho para a escravização dos próprios membros da tribo, e até da *gens*; a degeneração da antiga guerra de algumas tribos contra outras em saques sistemáticos por terra e por mar para apoderar-se de gado, escravizados e tesouros, o que chegou a ser uma fonte de renda a mais. Em resumo, a riqueza é apreciada e considerada como o sumo bem, e abusa-se da antiga organização da *gens* para justificar o roubo das riquezas por meio da violência. Só faltava uma coisa: uma instituição que não apenas assegurasse as novas riquezas dos indivíduos contra as tradições comunistas da ordem gentílica; uma instituição que não apenas consagrasse a propriedade privada antes tão pouco estimada e fizesse dessa santificação o fim mais elevado da comunidade humana, como também imprimisse o selo do reconhecimento geral da sociedade às novas formas de adquirir propriedade, que se desenvolveriam uma após a outra, e, portanto, o acúmulo, cada vez mais acelerado, das riquezas; numa palavra, faltava uma instituição que não apenas perpetuasse a nascente divisão da sociedade em classes, mas também o direito de a classe possuidora explorar a não possuidora e o domínio da primeira sobre a segunda.

E essa instituição nasceu. Inventou-se o *Estado*.

## V. SURGIMENTO DO ESTADO ATENIENSE

Em nenhuma outra parte podemos seguir melhor que na antiga Atenas — pelo menos na primeira fase da evolução — o modo pelo qual se desenvolveu o Estado, processo em que os órgãos da constituição gentílica em parte foram reconfigurados, em parte deslocados mediante a inclusão de novos órgãos, sendo, por fim, completamente substituídos por instâncias reais do Estado, enquanto o "povo em armas" real, que a si mesmo protegia em suas *gentes*, fratrias e tribos, fez-se substituir por um "poder público" armado, que estava a serviço dessas mesmas instâncias do Estado, e sendo assim também podia ser usado contra o povo. Morgan expõe as mudanças formais desse modo, enquanto as condições econômicas que as produziram terão de ser acrescentadas em grande parte por mim mesmo.

Na época heroica, as quatro tribos dos atenienses ainda se estabeleciam em distintos territórios da Ática. Até mesmo as doze fratrias que as compunham tinham, ao que parece, sedes separadas nas doze cidades de Cécrops. A constituição era a mesma da época heroica: assembleia do povo, conselho do povo e *basileus*. Até onde alcança a história escrita, vê-se que o solo estava já repartido e a propriedade era privada, o que corresponde à produção mercantil e ao comércio de mercadorias relativamente desenvolvidos já no final do estágio superior da barbárie. Além de grãos, produziam-se vinhos e azeite. O comércio marítimo no Mar Egeu passava cada vez mais dos fenícios aos gregos da Ática. Por causa da compra e venda da terra e da crescente divisão do trabalho — entre a agricultura e os ofícios manuais, o comércio e a navegação —, os membros das *gentes*, fratrias e tribos logo tiveram de se misturar. No distrito da fratria e da tribo estabeleceram-se habitantes que, ainda que fossem do mesmo povo, não faziam parte dessas corporações e, por conseguinte, eram estranhos em seu próprio local de residência. Afinal de contas, cada fratria e cada tribo administrava seus próprios assuntos em tempos de paz, sem consultar o conselho do povo ou o *basileus* em Atenas, e todo aquele que residisse no território da fratria ou da tribo sem pertencer a elas não podia, naturalmente, tomar parte nessa administração.

Essa circunstância desequilibrou a tal ponto o funcionamento da constituição gentílica nos tempos heroicos que foi preciso remediá-la e se introduziu a constituição atribuída a Teseu. Isso acarretou, principalmente, a instituição de uma administração central em Atenas; uma parte dos assuntos que até então se resolviam nas tribos foi declarada comum e transferida ao conselho geral residente em Atenas. Os atenienses foram mais longe do que qualquer um dos povos indígenas da América com isto: a simples confederação de tribos vizinhas foi substituída por sua fusão num único povo. Daí nasceu um sistema de direito popular ateniense geral que estava acima dos costumes legais das tribos e das *gentes*. O cidadão de Atenas recebeu, como tal, direitos determinados, assim como uma nova proteção jurídica, mesmo no território que não pertencia a sua própria tribo. Mas esse foi o primeiro passo para a ruína da constituição gentílica, já que teve como consequência a admissão, mais tarde, de cidadãos que não pertenciam a nenhuma das tribos da Ática e que permaneciam completamente fora da constituição gentílica ateniense. Uma segunda instituição atribuída a Teseu foi a divisão de todo o povo em três classes (os eupátridas ou nobres, os *geômeros* ou agricultores e os *demiurgos* ou artesãos), sem levar em conta a *gens*, a fratria ou a tribo, e concedendo à nobreza o direito exclusivo de exercer os cargos públicos. Verdade é que, com exceção da ocupação dos cargos pela nobreza, essa divisão ficou sem efeito enquanto não fundamentava outras diferenças de direitos entre as classes.[38] Mas ela é importante, porque nos indica os novos elementos sociais que estavam a se

---

38. Na edição de 1884, consta "já que as outras duas classes não conseguiram nenhum direito especial" em vez de "uma vez que, de resto, não baseou nenhuma diferença de direito entre as classes". (N.E.O.)

desenvolver imperceptivelmente. Porque nos mostra que o costume de preencher os cargos gentílicos pelas famílias nobres se tinha transformado já em um direito pouco questionado dessas mesmas famílias aos cargos públicos; mostra que essas famílias, poderosas já por suas riquezas, começaram a formar, fora de suas *gentes*, uma classe privilegiada particular; e mostra que o Estado nascente sacramentou essa usurpação. Mostra ainda que a divisão do trabalho entre camponeses e artesãos tinha chegado a ser já bastante forte para disputar o primeiro posto em importância social com a antiga divisão por *gentes* e tribos. Por último, proclama o irreconciliável antagonismo entre a sociedade gentílica e o Estado: o primeiro intento de formação do Estado consiste em romper os laços gentílicos, dividindo os membros de cada *gentes* em privilegiados e não privilegiados, e estes últimos em duas classes segundo o seu ofício, opondo-as uma à outra em virtude dessa mesma divisão.

A história política posterior de Atenas até Sólon é conhecida de um modo bastante imperfeito. As funções do *basileus* caíram em desuso; o Estado passou a ser dirigido por arcontes saídos do seio da nobreza. A autoridade da aristocracia aumentou cada vez mais, até chegar a se fazer insuportável lá pelo ano 600 antes de nossa era. E os principais meios para estrangular a liberdade comum foram o dinheiro e a usura. A nobreza estava sediada em Atenas e nos arredores, onde o comércio marítimo e a pirataria praticada ocasionalmente a enriqueciam e concentravam o dinheiro em suas mãos. Desde ali, o sistema monetário em desenvolvimento penetrou, como um ácido corrosivo, na vida tradicional baseada na economia rural das antigas comunidades agrícolas. A constituição gentílica é absolutamente incompatível com o sistema monetário; a ruína dos pequenos agricultores da Ática coincidiu com o relaxamento dos antigos laços gentílicos, que os protegiam. A nota promissória e o penhor (porque os atenienses já tinham inventado a hipoteca) não respeitaram nem a *gens* nem a fratria. E a velha constituição gentílica não conhecia nem o dinheiro nem os empréstimos e as dívidas em dinheiro. Por isso, o poder do dinheiro nas mãos da nobreza, poder que se estendia de modo cada vez mais exuberante, criou um novo direito consuetudinário para a garantia do credor contra o devedor e para consagrar a exploração do pequeno agricultor pelo possuidor do dinheiro. Todos os campos de cultivo da Ática estavam repletos de postes em que se lia que o solo em que se fincavam estava empenhado a fulano ou sicrano por tal ou qual quantia. Os campos que não tinham esses postes haviam sido, em sua maior parte, vendidos, por ter vencido a hipoteca ou por não terem sido pagos os juros, e eram já propriedade do usurário nobre; o camponês podia considerar-se feliz quando o deixavam estabelecer-se ali como colono e viver com *um sexto* do produto de seu trabalho, já que tinha de pagar a seu novo senhor *cinco sextos* como preço de arrendamento. E mais ainda: quando o produto da venda do lote de terra não bastava para cobrir o montante da dívida, ou se tal dívida não tivesse garantia hipotecária, o devedor tinha de vender seus filhos como escravos no exterior para satisfazer por completo o credor. A venda dos filhos pelo pai: esse foi o primeiro fruto do direito paterno e da monogamia! E se o sanguessuga, mesmo com isso, não se desse por satisfeito, podia vender como escravo o próprio devedor. Tal foi a aurora aprazível da civilização em meio ao povo ateniense.

Semelhante transformação fora impossível no passado, na época em que as condições de existência do povo ainda correspondiam à constituição gentílica, mas agora se produziu sem que ninguém soubesse como. Voltemos por um momento a nossos iroqueses. Entre eles era inconcebível uma situação tal como a imposta aos atenienses sem, digamo-lo assim, sua colaboração, e com certeza contra a sua vontade. Sendo sempre o mesmo o modo de produzir as coisas necessárias para a existência, jamais se poderiam criar tais conflitos, parecendo impostos de fora, nem engendrar-se nenhum antagonismo entre ricos e pobres, entre exploradores e explorados. Os iroqueses estavam ainda muito distantes de dominar a natureza, mas, dentro dos limites que esta lhes fixava, eram os donos de sua própria produção. Se apartamos os casos de colheita ruim em seus próprios domínios, de escassez da pesca em seus lagos e rios e de caça em seus bosques, resta que eles sabiam o que resultaria de seu modo de proporcionar a si próprios os meios de subsistência. Sabiam que — algumas vezes em abundância, outras não — obteriam meios de subsistência; mas, então, eram impossíveis revoluções sociais imprevistas, a ruptura dos vínculos da *gens*, a divisão das *gens* e das tribos em classes opostas que se combatiam reciprocamente. A produção se movia dentro dos mais estreitos limites, mas os produtores eram donos de seus próprios produtos. Essa era a imensa vantagem da produção bárbara, vantagem que se perdeu com a chegada da civilização e que as gerações vindouras terão o dever de reconquistar, mas dando-lhe por base o poderoso domínio da natureza já conseguido pelo homem e a livre associação, agora possível.

Entre os gregos, as coisas eram bastante distintas. A aparição da propriedade privada sobre os rebanhos e os objetos de luxo conduziram às trocas entre os indivíduos, à transformação dos produtos em *mercadorias*. E esse foi o germe da transformação subsequente. Tão logo os produtores deixaram de consumir diretamente eles próprios seus produtos, desfazendo-se deles em troca da moeda, perderam o domínio sobre eles. Ignoravam qual seria o destino desses produtos, e surgiu a possibilidade de que o produto chegasse a ser empregado contra o produtor para explorá-lo e oprimi-lo. Por isso, nenhuma sociedade pode ser dona de sua própria produção de um modo duradouro sem controlar os efeitos sociais de seu processo de produção se não suprimir as trocas entre os indivíduos.

Porém, os atenienses logo apreenderiam com que rapidez o produto domina o produtor quando nascem as trocas entre indivíduos e os produtos se transformam em mercadorias. Com a produção de mercadorias apareceu o cultivo individual da terra e, em seguida, a propriedade individual do solo. Mais tarde veio o dinheiro, a mercadoria universal pela qual se podiam trocar todas as demais; contudo, quando os homens inventaram o dinheiro, não suspeitavam de que haviam criado um poder social novo, o poder universal único, perante o qual se curvaria a sociedade inteira. E esse novo poder, ao surgir subitamente, sem que o soubessem seus próprios criadores e apesar deles, levou os atenienses a sentir seu domínio com toda a brutalidade de sua juventude.

O que se poderia fazer? A antiga constituição gentílica tinha se mostrado impotente contra a marcha triunfal do dinheiro, e, além disso, ela era absolutamente incapaz de conceder, dentro de seus limites, algum lugar para coisas como o dinheiro, os credores, os devedores, a cobrança compulsória de dívidas. Mas ali estava o novo poder social, e nem os pios desejos nem o ardente afã para voltar aos bons tempos antigos puderam expulsar do mundo o dinheiro ou a usura. Além disso, na constituição gentílica foi aberta uma série de outras brechas menos importantes. A mescla dos membros das *gentes* e das fratrias em todo o território ático, particularmente na mesma cidade de Atenas, aumentava de geração a geração, ainda que um ateniense, mesmo podendo vender lotes de terra para fora de sua *gens*, não pudesse fazer o mesmo em relação à sua moradia. Com os progressos da indústria e do comércio, desenvolvia-se cada vez mais a divisão do trabalho entre os diferentes ramos da produção: agricultura e ofícios manuais, e, entre estes, uma multiplicidade de subdivisões, como o comércio, a navegação, etc. A população se dividia, agora, segundo suas ocupações, em grupos bastante bem determinados, cada um dos quais tinha uma série de novos interesses comuns para os quais não havia lugar na *gens* ou na fratria e que, por conseguinte, necessitavam de novos funcionários que os atendessem. Em grande medida, havia aumentado o número de escravizados, e, naquela época, devia exceder já em muito o de atenienses livres. A constituição gentílica originalmente não conhecia nenhuma escravidão, nem, por conseguinte, nenhum meio de manter sob seu jugo aquela massa de pessoas livres. E, por fim, o comércio havia atraído a Atenas uma multidão de estrangeiros que tinham se instalado ali em busca de lucro fácil. Mas, apesar da tradicional tolerância, sob a velha constituição esses estrangeiros não gozavam de nenhum direito nem de proteção legal, continuando a ser elementos estranhos em meio ao povo, e a ali produzirem incômodo.

Em suma, a constituição gentílica ia chegando a seu fim. A sociedade rebaixava mais e mais o marco da *gens*, que não podia inibir, tampouco suprimir, os piores males que iam nascendo diante de seus olhos. Mas enquanto isso o Estado se tinha desenvolvido sem se fazer notar. Os novos grupos constituídos pela divisão do trabalho, primeiro entre a cidade e o campo, depois entre os diferentes ramos de trabalho nas cidades, tinham criado novos órgãos para a defesa de seus interesses, e instituíram-se ofícios públicos de todo tipo. Logo, o jovem Estado teve, antes de tudo, necessidade de uma força própria, que, no povo navegante, como era o ateniense, não pôde ser primeiro senão uma força naval, usada em pequenas guerras e para proteger os barcos mercantes. Numa época indeterminada, anterior a Sólon, instituíram-se as naucrarias, pequenas circunscrições territoriais, doze por tribo; cada naucraria devia construir, armar e tripular um barco de guerra e, além disso, fornecer dois cavaleiros. Essa instituição atentou contra a constituição gentílica de duas formas: em primeiro lugar, criava uma força pública que já não era em nada idêntica ao povo armado; e, em segundo lugar, pela primeira vez, dividia o povo, nos negócios públicos, não segundo os grupos consanguíneos, mas de acordo com o *local de residência comum*. Logo se evidenciará a importância disso.

Como a constituição gentílica não podia proporcionar nenhum auxílio ao povo explorado, só restava a este o Estado nascente, que lhe prestou a ajuda por ele esperada mediante a constituição de Sólon, aproveitando para fortalecer-se ainda mais às expensas da velha constituição. Não nos cabe tratar aqui como se realizou a reforma de Sólon no ano 594 antes de nossa era. Sólon iniciou a série do que se chama de revoluções políticas, e o fez com um ataque à propriedade. Todas as revoluções até agora têm sido revoluções de um tipo de propriedade contra um outro. Não podem proteger um tipo de propriedade sem lesionar o outro. Na grande Revolução Francesa, a propriedade feudal foi sacrificada para salvar a propriedade burguesa; na de Sólon, a propriedade dos credores foi a que teve de sofrer em proveito da dos devedores. As dívidas foram simplesmente anuladas. Não conhecemos com exatidão os detalhes, mas, em suas poesias, Sólon se orgulha de ter varrido das terras endividadas as colunas hipotecárias e de ter repatriado os homens que por causa de dívidas haviam sido vendidos como escravos ou tinham fugido para o estrangeiro. Isso só podia se fazer mediante uma flagrante violação da propriedade. E, de fato, desde a primeira até a última dessas pretensas revoluções políticas, todas elas têm sido feitas em defesa da propriedade, de *um* tipo de propriedade, e têm se realizado por meio do confisco — dito de outra maneira, do roubo — de *outro* tipo de propriedade. Tanto é assim que, há 2.500 anos, só se tem podido manter a propriedade privada por meio da violação dos direitos de propriedade.

Mas o que importava era então impedir que os atenienses livres pudessem ser escravizados novamente. No início, isso se deu por intermédio de medidas gerais, por exemplo, proibindo-se os contratos de dívida em que a pessoa do devedor era dada em garantia. Além disso, fixou-se a extensão máxima de terra que um mesmo indivíduo podia possuir, com o propósito de pôr um freio que moderasse a avidez dos nobres em apoderar-se das terras dos camponeses. Depois, houve mudanças na própria constituição; para nós, as mais importantes são as seguintes:

O conselho passou a comportar quatrocentos membros, cem de cada tribo. Até aqui, a tribo continua sendo, pois, a base do sistema. Mas esse foi o único aspecto da constituição antiga adotado pelo Estado recém-nascido. Pois, de resto, Sólon dividiu os cidadãos em quatro classes, segundo o tamanho da propriedade territorial e o produto desta. Os rendimentos mínimos que se fixaram para as três primeiras classes foram de 500, 300 e 150 medimnos de cereal (1 medimno = cerca de 51 litros); formavam a quarta classe os que possuíam menos terra ou careciam dela em absoluto. Os cargos públicos só podiam ser ocupados pelos indivíduos das três primeiras classes, e os mais importantes deles só podiam ser exercidos pelos da primeira classe; a classe tinha o direito apenas de tomar a palavra e votar em assembleia. Mas era ali onde se elegiam todos os funcionários, era ali onde eles tinham de prestar contas de sua gestão, era ali onde se faziam todas as leis, e, ali, a maioria se compunha da quarta classe. Os privilégios aristocráticos se renovaram, em parte, em forma de privilégios da riqueza, mas o povo obteve o poder supremo. Por outro lado, as quatro classes formaram a base de uma nova organização militar. As duas primeiras classes providenciaram a cavalaria, a terceira devia servir na infantaria de linha, e a quarta, como tropa ligeira, sem armadura, ou na frota; esta última provavelmente recebia soldo.

Aqui, portanto, um elemento de todo novo foi introduzido na constituição: a propriedade privada. Os direitos e os deveres dos cidadãos do Estado foram determinados segundo a importância de suas posses territoriais, e, conforme ia aumentando a influência das classes abastadas, iam sendo substituídas as antigas corporações consanguíneas; a constituição gentílica sofria outra derrota.

Entretanto, a estipulação dos direitos políticos segundo os bens de fortuna não era desses dispositivos sem os quais não poderia existir o Estado. Por maior que tenha sido o papel por ela representado na história das constituições dos Estados, grande número destes, e precisamente os mais desenvolvidos, pôde passar sem ela. Em Atenas, ela exerceu um papel transitório; desde Aristides, todos os cargos eram acessíveis a todos os cidadãos.[LXVIII]

Nos oitenta anos que se seguiram, a sociedade ateniense pouco a pouco tomou a direção na qual se desenvolveria pelos séculos subsequentes. Fora posto um freio na usura dos latifundiários anteriores a Sólon, bem como na concentração excessiva de propriedade fundiária. O comércio e os ofícios, incluídos os artísticos, que se praticavam cada vez mais em maior escala, baseando-se no trabalho dos escravos, chegaram a ser as ocupações principais. As pessoas adquiriam mais luzes. Em vez de explorar seus próprios concidadãos de maneira brutal, como no início, exploravam-se sobretudo os escravizados e a clientela não ateniense. Os bens móveis, a riqueza em forma de dinheiro, o número de escravizados e de navios aumentavam sem cessar; porém, já não eram um simples meio de adquirir terras, como nos primeiros tempos, da maneira tacanha, mas se converteram num fim em si. Por um lado, a nobreza antiga no poder encontrou, assim, competidores vitoriosos nas novas classes de ricos industriais e comerciais; por outro, destruiu-se também a base última das reminiscências da constituição gentílica. As *gentes*, as fratrias e as tribos, cujos membros andavam por toda a Ática e viviam completamente misturados, eram já de todo inúteis como corporações políticas. Muitos cidadãos atenienses não pertenciam a nenhuma *gens*; eram imigrantes a quem havia sido concedido o direito de cidadania, mas que não tinham sido admitidos em nenhuma das antigas uniões gentílicas. Além disso, cada dia era maior o número dos imigrantes estrangeiros que gozavam meramente do direito de proteção.[LXIX]

Enquanto isso, prosseguiam as lutas partidárias; a nobreza tratava de reconquistar seus antigos privilégios e voltou a ter, por um tempo, a supremacia, até que a revolução de Clístenes (509 a.C.) a abateu definitivamente, derrubando também, com ela, o último vestígio da constituição gentílica.[LXX]

Em sua nova constituição, Clístenes ignorou as quatro tribos antigas baseadas nas *gentes* e nas fratrias. Elas foram substituídas por uma organização nova, cuja base, ensaiada já nas naucrarias, era a divisão dos cidadãos apenas segundo o seu local de residência. O fator decisivo deixou de pertencer aos grupos consanguíneos, passando a ser o local de domicílio. Não foi o povo, mas, sim, o solo, o que os subdividiu; os habitantes se fizeram politicamente mero apêndice do território.

A Ática inteira foi dividida em cem distritos comunitários (*dêmoi*). Os cidadãos (*demótai*) habitantes elegiam seus chefes (*démarchoi*) e tesoureiros, assim como também trinta juízes com jurisdição para resolver os assuntos de pouca importância. Tinham também um templo próprio, dirigido por sacerdotes que eles elegiam, e um deus protetor ou herói. O poder supremo nos *dêmos* pertencia à assembleia dos *demótai*. Ao que corretamente observa Morgan, trata-se este do protótipo das comunidades citadinas autogovernadas da América.

[LXXI] O Estado nascente teve por ponto de partida em Atenas a mesma unidade que distingue o Estado moderno em seu mais elevado grau de formação.

Dez dessas unidades (*dêmoi*) formavam uma tribo; porém esta, ao contrário da antiga tribo gentílica, é chamada agora de tribo local. A tribo local era não apenas um corpo político que se autoadministrava, mas também um corpo militar. Elegia o seu *fýlarchos*, ou chefe da tribo, que mandava na cavalaria, o *taxíarchos*, que mandava na infantaria, e o *strategól*, que dava ordens a todas as tropas recrutadas no território da tribo. Além disso, armava cinco navios de guerra, com seus tripulantes e comandantes, e recebia como santo protetor um herói da Ática, cujo nome era sua designação. Elegia, por fim, cinquenta membros do conselho de Atenas.

O coroamento desse edifício era o Estado ateniense, governado por um conselho composto de cerca de quinhentos representantes eleitos pelas dez tribos e, em última instância, pela assembleia do povo, na qual tinha entrada e voto todo cidadão ateniense. Além disso, respondiam pelos diversos ramos da administração os arcontes e outros funcionários. Em Atenas, não havia um funcionário supremo do poder executivo.

Em razão dessa nova constituição e da admissão de um grande número de clientes (uns imigrantes, outros libertos), os órgãos da *gens* ficaram à margem da gestão dos assuntos públicos, degenerando em associações privadas e sociedades religiosas. Mas a influência moral, as concepções e as ideias tradicionais da velha época gentílica viveram por muito tempo e foram desaparecendo apenas paulatinamente. Isso se fez evidente em outra instituição posterior do Estado.

Vimos que um dos traços característicos essenciais do Estado consiste numa força pública à parte da massa do povo. Atenas não tinha então mais do que um exército popular e uma frota equipada diretamente pelo povo, que a protegia contra os inimigos do exterior e mantinha obedientes os escravos, estes que naquela época formavam já a maior parte da população. Para os cidadãos, essa força pública só existia, no início, em forma de polícia; esta é tão velha quanto o Estado, e, por isso, os ingênuos franceses do século XVIII não falavam de nações civilizadas, mas, sim, de nações com polícia (*nations policées*). Portanto, os atenienses instituíram uma polícia, uma verdadeira gendarmaria constituída por arqueiros a pé e a cavalo — *Landjäger*, como se diz no sul da Alemanha e na Suíça. Porém, essa gendarmaria era formada por *escravos*. Esse ofício parecia tão indigno ao ateniense livre que este preferia ser detido por um escravo armado a cumprir ele próprio funções tão vis. Tinha-se aí uma manifestação da antiga perspectiva gentílica. O Estado não podia existir sem a polícia, mas ainda era jovem e não tinha autoridade moral suficiente para tornar respeitável um ofício que, para os antigos membros da *gens*, era considerado necessariamente infame.

O rápido florescimento que assumiram a riqueza, o comércio e a indústria nos prova quão adequada era a nova condição social dos atenienses quanto ao Estado, consolidado, então, já em seus traços principais. O antagonismo de classes em que agora se baseavam as instituições sociais e políticas já não se dava entre os nobres e o povo, mas entre escravizados e homens livres, entre clientes e cidadãos. Em tempos de maior florescimento de Atenas, seus cidadãos livres (compreendidas as mulheres e as crianças) eram cerca de 90 mil indivíduos; os escravos de ambos os sexos somavam 365 mil pessoas, e os clientes (imigrantes e libertos) chegavam a 45 mil. Para cada cidadão adulto se contavam pelo menos dezoito escravos e mais de dois clientes. A causa da existência de um número tão grande de escravos era que muitos deles trabalhavam juntos, sob supervisão, em grandes espaços de manufatura. Mas o desenvolvimento do comércio e da indústria trouxe a acumulação e a concentração das riquezas em poucas mãos, o empobrecimento da massa dos cidadãos livres, aos quais não restava outro recurso a não ser escolher entre competir com o trabalho dos escravizados mediante o próprio trabalho manual — o que se considerava desonroso, baixo e com escassas perspectivas de êxito — ou entrar para a mendicância. Em razão das circunstâncias, escolhiam a mendicância e, considerando que formavam a massa do povo, levaram à ruína todo o Estado ateniense. Não foi a democracia que conduziu Atenas à ruína, como afirmam os pedantes lacaios dos monarcas entre o professorado europeu, mas, sim, a escravidão, que proscreveu o trabalho do cidadão livre.

O surgimento do Estado entre os atenienses é um modelo notavelmente característico da formação do Estado em geral, pois, por um lado, se realiza sem que intervenham violências exteriores ou interiores — a usurpação de Pisístrato não deixou resquícios de sua curta duração[LXXII]—, por outro lado, fez surgir diretamente da sociedade gentílica um Estado sob forma muito aperfeiçoada, a república democrática, e, por fim, porque conhecemos suficientemente suas particularidades essenciais.

# VI. *GENS* E ESTADO EM ROMA

Segundo a lenda da fundação de Roma, o primeiro assentamento no território se efetuou por certo número de *gentes* latinas (cem, diz a lenda) reunidas, que formaram uma tribo. Logo veio se juntar a essa tribo uma outra, sabeliana, que tinha, pelo que se diz, cem *gentes*; por último, agregou-se outra tribo composta de elementos diversos, que comportava mais cem *gentes*. O relato como um todo mostra, à primeira vista, que ali não havia quase nada formado espontaneamente, exceção feita à *gens*, que, em muitos casos, era não mais que um ramo de uma velha *gens* mãe que continuava habitando seu antigo território. As tribos levam o selo de sua composição artificial, ainda que estejam formadas, em sua maioria, por elementos consanguíneos e segundo o modelo da antiga tribo, cuja formação tinha sido natural e não artificial; por certo que não se excluía a possibilidade de que o núcleo de cada uma das três tribos mencionadas pudesse ser uma autêntica tribo antiga. O elo intermediário, a fratria, constava de dez *gentes* e se chamava cúria. Havia trinta cúrias.

É reconhecido que a *gens* romana era uma instituição idêntica à *gens* grega; se a *gens* grega é uma forma mais desenvolvida daquela unidade social cuja forma primitiva observamos entre os peles-vermelhas norte-americanos, cabe dizer o mesmo da *gens* romana. Por essa razão, devemos ser mais breves em sua análise.

Pelo menos nos primeiros tempos da cidade, a *gens* romana tinha a seguinte constituição:

1. O direito hereditário recíproco entre os membros da *gens*; os bens ficavam sempre dentro da *gens*. Como o direito paterno imperava já na *gens* romana, da mesma forma que na grega, estavam excluídos da herança os descendentes por linha feminina. Segundo as Leis das Doze Tábuas[LXXIII] — o monumento do direito romano mais

antigo que conhecemos —, os filhos eram os primeiros a herdar, na qualidade de herdeiros diretos; não havendo filhos, herdavam os agnatos (parentes por linha *masculina*); e, faltando estes, os demais membros da *gens*. Os bens não saíam da *gens* em nenhum caso. Aqui vemos a gradual introdução de disposições legais novas nos costumes da *gens*, disposições engendradas pelo aumento da riqueza e pela monogamia; o direito hereditário, primitivamente igual entre os membros de uma *gens*, limita-se, a princípio — o que aconteceu já muito cedo, como mais acima foi mencionado —, aos agnatos e, por último, aos filhos e a seus descendentes pela linha masculina. Nas Doze Tábuas, como é autoevidente, essa ordem parece invertida.

2. A posse de um local comum para sepultamento dos mortos. A *gens* patrícia Cláudia, ao emigrar de Régilo a Roma, recebeu, além de um pedaço de terra, um local na cidade para sepultamento comum. Mesmo nos tempos de Augusto, a cabeça de Varo,[LXXIV] morto na floresta de Teutoburgo, foi levada para Roma e sepultada no *gentilitius tumulus* [túmulo gentílico], portanto, sua *gens* (a *Quinctilia*) ainda não tinha uma sepultura particular.[39]

3. Solenidades religiosas comuns. Levavam o nome de *sacra gentilitia* e são bem conhecidas.

4. A obrigação de não se casar dentro da *gens*. Mesmo que isso não pareça jamais ter se transformado em lei escrita em Roma, persistiu o costume. Entre o imenso número de pares conjugais romanos cujos nomes chegaram até nós, nem um único tem o mesmo nome gentílico para o homem e para a mulher. Essa regra é demonstrada também pelo direito hereditário. A mulher perde seus direitos agnatícios ao casar-se, sai fora de sua *gens*; nem ela nem seus filhos podem herdar de seu pai ou dos irmãos deste, visto que, de outro modo, a *gens* paterna perderia essa parte da herança. Essa regra só faz sentido quando se pressupõe que a mulher não pode se casar com nenhum membro de sua *gens*.

---

[39] Na edição de 1884, o último enunciado diz o seguinte: "Ainda sob Augusto, Varo, que caíra na floresta de Teutoburgo e cuja cabeça fora levada a Roma, foi enterrado no jazigo da *gens Quinctilia* (*gentilitius tumulus*)". (N.E.O.)

5. A posse da terra em comum. Esta existiu sempre nos tempos primitivos, desde que se começou a repartir o território da tribo. Nas tribos latinas encontramos o solo possuído, em parte, pela tribo, em parte, pela *gens* e, em parte, por casas que naquela época dificilmente[40] poderiam ser famílias individuais. Atribui-se a Rômulo as primeiras repartições de terra entre os indivíduos, à razão aproximada de um hectare (duas *iugera*) para cada um. Não obstante, mais tarde ainda encontramos terra em mãos das gentes, para não falar das terras do Estado, em torno das quais gira toda a história interior da república.

6. A obrigação dos membros da *gens* de prestar-se mutuamente socorro e assistência. A história escrita só nos oferece vestígios disso; o Estado romano apareceu na cena desde o início como uma força tão preponderante que o direito de proteção contra injustiças passou para ele. Quando Ápio Cláudio foi preso, esse fato cobriu de luto toda a sua *gens*, até seus inimigos pessoais. Em tempos da Segunda Guerra Púnica,[LXXV] as *gens* se associaram para resgatar seus membros tornados prisioneiros; o Senado o *proibiu*.

7. O direito de levar o nome gentílico manteve-se até os tempos dos imperadores. Aos libertos se permitia tomar o nome da *gens* de seu antigo senhor, sem, contudo, lhes outorgar os direitos gentílicos.

8. O direito a adotar estranhos na *gens*. Isso se dava por meio da adoção por uma família (como entre os indígenas), o que tinha como consequência a admissão na *gens*.

9. O direito de eleger e depor o chefe não é mencionado em parte alguma. Mas como, nos primeiros tempos de Roma, todos os postos, a começar pelo do rei, só se obtinham por eleição ou por aclamação, e como também os sacerdotes das cúrias eram eleitos por estas, podemos presumir a mesma coisa para os chefes (*príncipes*) das *gentes*, mesmo que já tivesse se tornado regra elegê-los de uma mesma família na *gens*.

Tais eram as atribuições de uma *gens* romana. Exceto pela transição já consumada para o direito paterno, são a imagem fiel dos

---

40. Na edição de 1884, "não necessariamente" em vez de "naquela época dificilmente". (N.E.O.)

direitos e deveres de uma *gens* iroquesa; também aqui "se reconhece inconfundivelmente o iroquês".[41]

Quanto à confusão que até hoje impera no tocante à ordem gentílica romana, mesmo entre nossos mais famosos historiadores, não traremos mais do que um exemplo. No tratado de Mommsen acerca dos nomes próprios romanos da época republicana e dos tempos de Augusto (*Römische Forschungen* [Investigações romanas]. Berlim, 1864, v. I), consta o seguinte:

> À parte os membros masculinos da família, excluídos naturalmente os escravos, mas não os adotados e os clientes, o nome gentílico era concedido também às mulheres (...) A *Stamm* (como traduz Mommsen aqui a palavra *gens*) é (...) uma sociedade unida oriunda de uma linhagem comum — real, ou provável, ou mesmo fictícia —, formada como cooperativa de celebração, sepultura e heranças comuns e à qual podem e devem pertencer todos os indivíduos pessoalmente livres e, portanto, também as mulheres. Mas o difícil é estabelecer o nome gentílico das mulheres casadas. Certo é que essa dificuldade ficava excluída uma vez que a mulher tinha permissão de contrair núpcias somente com um integrante de sua *gens*; e está provado que, durante muito tempo, lhes foi muito mais difícil casar-se fora do que dentro da *gens*, pois aquele direito, o *gentis enuptio* (casamento fora da *gens*), no século VI, ainda era concedido como privilégio pessoal e como recompensa. Mas, quando esses matrimônios fora da *gens* se produziam, a mulher devia passar, nos primeiros tempos, para a tribo do marido. Nada é mais certo do que, no antigo casamento religioso, a mulher entrar plenamente na comunidade legal e religiosa do marido e sair da sua própria. Todo mundo sabe que a mulher casada perde o direito de herança, tanto ativo quanto passivo, com respeito aos membros de sua *gens*, e entra em associação de herança com seu marido, com seus filhos e com os membros da *gens* deles. E se seu marido a adotasse, como uma filha, e lhe desse entrada em sua família, como poderia ela ficar fora da *gens* dele? (p. 8-11)

---

41. Na edição de 1884, falta o texto seguinte até: "Quase cerca de trezentos anos..." (p. 122). (N.E.O.)

Mommsen afirma, pois, que as mulheres romanas pertencentes a uma *gens* não podiam, a princípio, casar-se *no seio desta*, e que, por conseguinte, a *gens* romana foi endogâmica, e não exogâmica. Esse parecer, que está em contradição com tudo o que sabemos sobre outros povos, funda-se principalmente, se não de maneira exclusiva, em uma única passagem, bastante controversa, de Tito Lívio (livro XXXIX, cap. 19), segundo a qual o Senado decidiu, no ano 568 de Roma, ou seja, o ano 186 a.C., o seguinte: *"uti Feceniae Hispallae datio, deminutio, gentis enuptio, tutoris optio item esset quasi ei vir testamento dedisset; utique ei ingenuo nubere liceret, neu quid ei qui eam duxisset, ob id fraudi ignominiaeve esset"* — que Fecênia Híspala seria livre para dispor de seus bens, de diminuí-los, de casar-se fora da *gens*, de escolher um tutor para ela como se seu (falecido) marido lhe tivesse transferido esse direito por testamento; assim como poderia contrair núpcias com um homem livre, sem que houvesse malfeito ou ignomínia para quem a tomasse por esposa.

Aqui, portanto, é indubitável que a Fecênia, uma liberta, foi conferido o direito de casar-se fora da *gens*. E é não menos evidente, pelo que antecede, que o marido tinha o direito de permitir por testamento à sua mulher que, depois de sua morte, casasse fora da *gens*. Mas fora *de qual gens*?

Se, como pressupõe Mommsen, a mulher era obrigada a se casar no seio de sua *gens*, ficava na mesma *gens* depois do matrimônio. Porém, em primeiro lugar, precisamente o que há para se provar é essa pretendida endogamia da *gens*. Em segundo lugar, se a mulher era obrigada a se casar no seio de sua *gens*, naturalmente tinha de suceder o mesmo ao homem, visto que, sem isso, não teria podido chegar à mulher. Chegamos então ao ponto em que o marido podia transmitir testamentariamente à sua mulher um direito que ele mesmo não possuía para si, ou seja, chegamos a um contrassenso jurídico. Assim o compreende também Mommsen, que supõe, então, que "para o matrimônio fora da *gens* se necessitava, juridicamente, não apenas do consentimento da pessoa autorizada, mas também do de todos os membros da *gens*" (p. 10, nota).

Em primeiro lugar, essa é uma suposição muito ousada; em segundo lugar, ela contradiz o próprio teor da passagem citada. O Senado confere esse direito à mulher *em lugar de seu marido*; confere expressamente o mesmo, nem mais nem menos, que o marido teria podido conferir; mas o Senado confere aqui à mulher um direito *absoluto*, sem restrição alguma, de modo que, se ela fizer uso dele, também seu novo marido não sofrerá prejuízo algum. O Senado encarrega até mesmo os cônsules e os pretores presentes e futuros para que zelem para que daí não lhe advenha nenhuma injustiça. Assim, pois, a hipótese de Mommsen parece de todo inaceitável.

Suponhamos, agora, que a mulher se casasse com um homem de outra *gens*, mas permanecesse, ela própria, em sua *gens* de origem. Nesse caso, segundo a passagem citada, seu marido teve o direito de permitir à mulher casar-se fora da própria *gens* desta. Isso significa que teve o direito de tomar providências em assuntos de uma *gens* a que ele não pertencia. É tão absurda a coisa que, com ela, não se pode gastar mais nenhuma palavra.

Resta, pois, a seguinte hipótese: a mulher se casava em primeiro matrimônio com um homem de outra *gens*, e pelo efeito desse enlace matrimonial passava incondicionalmente à *gens* do marido, como efetivamente admite Mommsen em casos dessa espécie. Então, todo o nexo se explica de imediato. A mulher, arrancada de sua própria *gens* pelo matrimônio, e adotada na *gens* de seu marido, tem nesta uma situação bastante peculiar. Ela é, em verdade, membro da *gens*, mas não se encontra vinculada a ela por nenhum laço consanguíneo; o próprio caráter de sua adoção a exime de toda proibição de casar-se no seio da *gens* onde entrou precisamente pelo matrimônio; além disso, admitida no grupo matrimonial da *gens*, herda, quando seu marido morre, os bens deste, isto é, os bens de um membro da *gens*. Existe, pois, algo mais natural do que, para conservar na *gens* esses bens, a viúva estar obrigada a casar-se com um membro da *gens* de seu primeiro marido, e não com uma pessoa de outra *gens*? E se for preciso abrir uma exceção, quem será tão competente a autorizá-la quanto o próprio que lhe legou esses bens, seu primeiro marido? No momento em que lhe cede parte de seus bens, e ao mesmo tempo permite que leve essa parte por matrimônio, ou por consequência do matrimônio, a uma *gens* estranha, esses bens ainda lhe pertencem; portanto, ele está apenas a dispor, literalmente, de uma propriedade sua. No que diz respeito à mulher e à sua situação com respeito à *gens* de seu marido, foi este quem a introduziu nessa *gens* por um ato de sua livre vontade, o matrimônio; parece, portanto, igualmente natural que ele seja a pessoa mais apropriada para autorizá-la a sair dessa *gens*, por meio de segundas núpcias. Em suma, a coisa parece simples e compreensível quando abandonamos a extravagante ideia da endogamia da *gens* romana e a consideramos, como Morgan, originariamente exogâmica.

Ainda resta uma última hipótese — que também encontrou defensores, e não os menos numerosos —, segundo a qual a passagem de Tito Lívio significa simplesmente que "as servas libertas não podiam, sem autorização especial, *e gente enubere* (casar fora da *gens*) ou realizar qualquer outro ato que, em virtude da *capitis deminutio mínima* (perda dos direitos de família), ocasionasse a saída da liberta da união gentílica". (Lange, *Römische Alterthümer* [Antiguidades romanas]. Berlim, 1856, tomo I, p. 195, onde se faz referência a Huschke a respeito de nossa passagem de Tito Lívio.)[LXXVI]

Se essa hipótese estiver correta, a passagem citada nada tem que ver com as romanas livres, e, assim, não se pode falar de sua obrigação de casarem-se dentro da *gens*.

A expressão *"enuptio gentis"* se encontra somente nessa passagem e não se repete em toda a literatura romana; a palavra *"enubere"* (casar-se fora) não se encontra mais do que três vezes, igualmente em Tito Lívio, e sem que se refira à *gens*. A ideia fantasiosa de que as romanas só podiam se casar no seio da *gens* deve sua existência exclusivamente a essa passagem. Mas ela não pode se sustentar de modo algum, porque ou a frase de Tito Lívio só se aplica a restrições especiais para libertas, e, então, não prova nada relativo às mulheres livres (*ingenuau*), ou se aplica igualmente a estas últimas, e então prova que, como regra geral, a mulher se casava fora de sua *gens* e pelas núpcias passava à *gens* do marido. Portanto, essa passagem versa contra Mommsen e a favor de Morgan.

Quase cerca de trezentos anos depois da fundação de Roma, os laços gentílicos eram tão fortes que uma *gens* patrícia, a dos fábios, pôde empreender por sua própria conta, e com o consentimento do Senado, uma expedição contra a cidade próxima de Veios. Diz-se que saíram em campanha 306 fábios, e todos foram mortos numa emboscada; um único jovem, que havia ficado para trás, acabou por perpetuar a *gens*.

Segundo foi dito, dez *gentes* formavam uma fratria, que, nesse caso, denominava-se cúria e detinha atribuições públicas mais importantes que a fratria grega. Cada cúria tinha suas próprias práticas religiosas, seus santuários e seus sacerdotes particulares; estes últimos formavam, juntos, um dos colégios de sacerdotes romanos. Dez cúrias constituíam uma tribo, que, em sua origem, deve ter tido, como o restante das tribos latinas, um chefe eletivo — comandante de tropas e sumo sacerdote. O conjunto das três tribos formava o povo romano, o *populus romanus*.

Assim, portanto, ninguém podia pertencer ao povo romano se não fosse membro de uma *gens* e, portanto, de uma cúria e de uma tribo. A primeira constituição desse povo foi como segue. A gestão dos negócios públicos era, em primeiro lugar, competência de um Senado, que, como o compreendeu Niebuhr antes de todo mundo, compunha-se dos chefes das trezentas *gentes*; precisamente por sua qualidade de mais velhos das *gentes*, chamaram-se pais (*patres*), e, seu conjunto, Senado (conselho dos anciãos, de *senex*, "velho"). A eleição habitual do chefe para cada *gens* nas mesmas famílias criou, também aqui, a primeira nobreza gentílica. Essas famílias se chamavam patrícias e pretendiam ter o direito exclusivo de entrar no Senado e de ocupar todos os demais cargos públicos. O fato de que, com o tempo, o povo se deixava impor essas pretensões, e de que estas se transformaram num direito positivo, a seu modo é expresso pela lenda segundo a qual Rômulo, desde o início, concedera aos senadores e a seus descendentes o patriciado com seus privilégios. O Senado, como a *bulé* ateniense, decidia em muitos assuntos e procedia à discussão preliminar das leis mais importantes, principalmente das novas leis. Estas eram votadas pela assembleia do povo, chamada *comitia curiata* (assembleia das cúrias). O povo se congregava agrupado por cúrias, e em cada cúria, como é provável, em *gentes*. Cada uma das trinta cúrias tinha um voto. A assembleia das cúrias aprovava ou rechaçava todas as leis, elegia todos os altos funcionários — incluído o *rex* (o assim chamado rei) —, declarava a guerra (mas o Senado firmava a paz) e, em qualidade de tribunal supremo, decidia, sempre que as partes apelassem, em todos os casos em que se tratava de pronunciar sentença de morte contra um cidadão romano. Por último, junto ao Senado e à assembleia do povo, estava o *rex*, que era exatamente o mesmo que o *basileus* grego, e de modo algum um monarca quase absoluto, como descrito por Mommsen.[42, LXXVII] O *rex* era também chefe militar, sumo sacerdote e presidente de certos tribunais. Não tinha direitos ou poderes civis de nenhuma espécie sobre a vida, a liberdade e a propriedade dos cidadãos, a não ser que adviessem da disciplina do comandante de tropas ou do poder judicante do presidente do tribunal. As funções de *rex* não eram hereditárias; pelo contrário, e, provavelmente por proposição do predecessor, era eleito primeiro pela assembleia das cúrias e, depois, empossado solenemente por uma segunda assembleia. Que ele também podia ser deposto, prova-o a sorte que coube a Tarquínio, o Soberbo.

Assim, tal como os gregos da época heroica, os romanos do tempo dos assim chamados reis viviam numa democracia militar, baseada nas *gens*, fratrias e tribos e destas nascida. Se é certo que as cúrias e as tribos podem, em parte, ter sido formadas artificialmente, nem por isso deixavam de ser constituídas segundo os modelos genuínos e plasmadas naturalmente na sociedade da qual tinham saído e que ainda as envolvia por todos os lados. É certo também que a nobreza patrícia, surgida naturalmente, tinha já conquistado terreno, e os *reges* tratavam de estender pouco a pouco suas atribuições — porém,

---

42. Ao *rex* latino corresponde o celto-irlandês *righ* (chefe tribal) e o gótico *reiks*; esse termo originariamente significava o mesmo que o nosso *Fürst* (isto é, como o inglês *first*, o dinamarquês *förste*, o primeiro), ou seja, o líder da *gens* ou da tribo, e isso advém do fato de que os godos, já no século IV, tinham um termo especial para o posterior rei, para o comandante de tropas de todo um povo: *thiudans*. Artaxerxes e Herodes, na Bíblia feita por Úlfilas, jamais são chamados de *reiki*, mas de *thiudinassus*. As duas denominações vêm se fundir no nome gótico *thiudans*, ou, em tradução mais imprecisa, rei Thiudereiks, Teodorico, ou seja, Dietrich. (N.A.)

isso não muda em nada o caráter inicial da constituição, sendo esse aspecto o que mais importa.

Entretanto, a população da cidade de Roma e do território romano ampliado pelas conquistas ia aumentando, em parte pela imigração, em parte por causa dos habitantes das regiões submetidas, em sua maioria latinos. Todos esses novos súditos do Estado (deixemos aqui de lado a questão dos clientes) viviam fora das antigas *gentes*, cúrias e tribos e, portanto, não formavam parte do *populus romanus*, do povo romano propriamente dito. Eram pessoalmente livres, podiam possuir terra, estavam obrigados a pagar impostos e prestavam serviço militar. Mas não podiam exercer nenhuma função pública nem tomar parte nas assembleias das cúrias nem na divisão de terras conquistadas pelo Estado. Formavam a *plebs*, excluída de todos os direitos públicos. Por seu constante aumento de número, por sua instrução militar e seu armamento, converteram-se num poder ameaçador ante o antigo *populus*, agora hermeticamente fechado para qualquer elemento de origem exterior. Acrescente-se a isso que a terra estava, ao que parece, distribuída com bastante igualdade entre o *populus* e a *plebs*, ao passo que a riqueza comercial e industrial, ainda quando pouco desenvolvida, pertencia em sua maior parte à *plebs*.

Dadas as trevas que envolvem a pré-história lendária de Roma — trevas que aumentam consideravelmente em razão dos ensaios racionalistas e pragmáticos de interpretação e dos relatos mais recentes devidos a autores com formação jurídica, que nos servem de fontes —, é impossível dizer algo de concreto acerca da data, do curso ou das circunstâncias da revolução que acabou com a antiga constituição gentílica. Só o que se sabe realmente é que sua causa esteve nas lutas entre *plebs* e *populus*.

A nova constituição atribuída ao *rex* Sérvio Túlio, e que se apoiava em modelos gregos, principalmente em Sólon, criou uma nova assembleia do povo que compreendia ou excluía indistintamente os indivíduos do *populus* e da *plebs*, segundo tivessem ou não prestado serviços na guerra. Toda a população masculina sujeita ao serviço militar ficou dividida em seis classes, segundo suas posses. Os bens mínimos das cinco classes superiores eram: I de 100.000 asses; II, de

75.000; III, de 50.000; IV, de 25.000; e V, de 11.000 asses. De acordo com Dureau de la Malle, correspondem respectivamente a 14.000, 10.500, 7.000, 3.600 e 1.570 marcos. A sexta classe, os proletários, compunha-se dos mais pobres, isentos do serviço militar e de impostos. Na nova assembleia popular das centúrias (*comitia centuriata*), os cidadãos se enfileiravam militarmente, por companhia de cem homens, e cada centúria tinha um voto. A primeira classe tinha oitenta centúrias; a segunda, 22; a terceira, vinte; a quarta, 22; a quinta, trinta; e a sexta, pela mesma fórmula, uma. A elas se somavam os cavaleiros (os cidadãos mais ricos), formando dezoito centúrias. No total, as centúrias eram 193. Para obter a maioria, eram requeridos 97 votos. Como os cavaleiros e a primeira classe, juntos, dispunham de 98 votos, tinham assegurada a maioria; quando iam de comum acordo, nem sequer eram consultadas as outras classes, e se tomava sem elas a resolução definitiva.

Todos os direitos políticos da anterior assembleia das cúrias (e até alguns direitos puramente nominais) passaram, agora, à nova assembleia das centúrias; como em Atenas, as cúrias e as *gentes* que as compunham se viram rebaixadas à posição de simples associações privadas e religiosas e, como tais, vegetaram ainda por muito tempo, enquanto a assembleia das cúrias não demorou a ser extinta completamente. Para excluir igualmente do Estado as três tribos gentílicas mais antigas, criaram-se quatro tribos territoriais. Cada uma delas residia em um distrito da cidade e detinha uma série de direitos políticos.

Assim foi destruída também em Roma, antes que se suprimisse o assim chamado reinado, a antiga ordem social, fundada em vínculos de sangue. Seu lugar foi ocupado por uma nova constituição, uma autêntica constituição de Estado, baseada na divisão territorial e nas diferenças de riqueza. A força pública consistia, aqui, no conjunto dos cidadãos sujeitos ao serviço militar, e não apenas se opunha aos escravos, mas também à classe chamada proletária, excluída do serviço militar e privada do direito de portar armas.

No âmbito dessa nova constituição — cujo desenvolvimento só teve maior impulso após a expulsão do último *rex*, Tarquínio, o

Soberbo, que usurpou um verdadeiro poder real, e a substituição do *rex* por dois chefes militares (cônsules) com iguais poderes (como entre os iroqueses) —, move-se toda a história da República Romana, com suas lutas entre patrícios e plebeus pelo acesso aos cargos públicos e pela repartição das terras do Estado e com a dissolução completa da nobreza patrícia na nova classe dos grandes proprietários dos territórios e do dinheiro. Esses grandes proprietários pouco a pouco absorveram toda a propriedade fundiária dos camponeses arruinados pelo serviço militar, cultivaram com escravizados os imensos latifúndios assim formados, despovoaram a Itália e, com isso, abriram as portas não apenas ao império, mas também a seus sucessores, os bárbaros germânicos.

# VII. A *GENS* ENTRE OS CELTAS E OS ROMANOS

A questão do espaço, aqui, não nos permite estudar as instituições gentílicas que ainda existem sob uma forma mais ou menos pura nos povos selvagens e bárbaros mais diversos nem seguir seus vestígios na história primitiva dos povos asiáticos civilizados.[43] Uns e outros se encontram por toda a parte. Veremos apenas alguns exemplos.

Ainda antes que se conhecesse bem a *gens*, McLennan, o homem que mais se esforçou para compreendê-la mal, indicou e descreveu com suma exatidão sua existência entre os calmucos, circassianos, samoiedos e três povos indianos, que são os waralis, os magares e os manipuris. Mais recentemente, M. Kovalevski a descobriu e descreveu entre os pschavos, os chevsuros, os suanetos e outras tribos caucasianas. Aqui nos limitaremos a breves notas acerca da *gens* entre os celtas e os germanos.

As mais antigas leis celtas que chegaram até nós mostram a *gens* ainda em pleno vigor; na Irlanda, ao menos instintivamente, ela vive na consciência do povo ainda hoje, desde que os ingleses a destruíram com violência; na Escócia, ela estava ainda em pleno florescimento em meados do século XVIII, vindo a sucumbir também ali pelas armas, pelas leis e pelos tribunais da Inglaterra.

As antigas leis do País de Gales, que foram escritas vários séculos antes da conquista inglesa[LXXVIII] (no mais tardar no século XI), ainda mostram o cultivo da terra em comum por aldeias inteiras, mesmo que isso só se desse como exceção e vestígio de um costume anterior, geralmente estendido; cada família tinha cinco acres de terra para seu cultivo particular; à parte isso, cultivava-se um

---

43. Na edição de 1884, falta o texto a seguir até as palavras "aqui nos limitaremos a umas breves notas...". (N.E.O.)

campo em comum, e sua colheita era repartida. A semelhança entre Irlanda e Escócia não permite duvidar de que essas comunidades rurais eram *gentes* ou subdivisões de *gentes*, ainda quando não o provasse de modo direto um estudo novo das leis gaulesas, para o qual me falta tempo (meus excertos são de 1869).[LXXIX] Mas o que provam, de maneira direta, as fontes gaulesas e irlandesas é que, no século XI, o casamento de um par não havia ainda sido substituído de todo, entre os celtas, pela monogamia. No País de Gales, o casamento não se consolidava, ou melhor, ele só se fazia indissolúvel ao cabo de sete anos de convivência. Se faltassem apenas três noites para se cumprirem os sete anos, os esposos podiam se separar. Então se repartiam os bens: a mulher repartia, o homem escolhia a sua parte. Repartiam-se os móveis seguindo certas regras bastante humorísticas. Se era o homem quem rompia o casamento, tinha de devolver à mulher seu dote e mais alguma coisa; se fosse a mulher a rompê-lo, ela recebia menos. Dos filhos, dois correspondiam ao homem, e um, o filho do meio, à mulher. Se, depois da separação, a mulher tomasse outro marido e o primeiro quisesse levá-la outra vez, ela estava obrigada a seguir este último, ainda que tivesse um pé no novo leito conjugal. Mas, se duas pessoas vivessem juntas durante sete anos, eram marido e mulher ainda sem prévio casamento formal. Não se observava nem se exigia com rigor a castidade das jovens antes do casamento; as regras com respeito a esse particular são extremamente frívolas e não se adequam à moral burguesa. Se uma mulher cometia adultério, o marido tinha o direito de espancá-la (este era um dos três casos em que era lícito fazê-lo; nos demais, ele ficava sujeito a pena), mas não podia exigir nenhuma outra satisfação, porque "para uma mesma falta pode haver expiação ou vingança, mas não as duas coisas de uma só vez".[LXXX]

Os motivos pelos quais a mulher podia reclamar o divórcio sem perder nenhum de seus direitos no momento da separação eram muitos e bem diversos: bastava que o marido tivesse mau hálito. O resgate pelo direito da primeira noite (*gobre merch*, do qual deriva o termo medieval "*marcheta*", ou "*marquette*", em francês) pago ao chefe da tribo ou ao rei tem um grande papel no código legal.

As mulheres tinham voto nas assembleias do povo. Acrescente-se que na Irlanda existiam condições análogas; ali estavam muito em uso os casamentos temporais, e, em caso de separação, concediam-se à mulher grandes favorecimentos, determinados com exatidão, mesmo uma remuneração como paga por seus serviços domésticos; ali se tem a figura de uma "primeira mulher" junto a outras mulheres; na repartição de herança, não se faz distinção entre os filhos concebidos dentro do casamento e os concebidos fora do casamento — teremos, assim, uma imagem do casamento por casais em comparação com a qual a forma de casamento em uso na América do Norte parece severa, mas isso não poderia causar admiração no século XI, em um povo que ainda vivenciava o casamento por grupos dos tempos de César.

A *gens* irlandesa (*sept*, a tribo se chama *clainne* ou clã) não apenas está confirmada e descrita pelos livros antigos de Direito, mas também pelos juristas ingleses que foram enviados no século XVII a esse país para transformar o território dos clãs em domínios do rei da Inglaterra. O solo continuava a ser propriedade comum do clã ou da *gens* até então, sempre que ainda não tivesse sido transformado pelos chefes em seu domínio privado. Quando morria um membro da *gens* e, por conseguinte, dissolvia-se um domicílio, o chefe (os juristas ingleses o chamavam *caput cognationis*) fazia uma nova divisão de todo o território entre os demais domicílios. Em geral, essa divisão tinha de ser feita de acordo com as regras usuais na Alemanha. Ainda se encontram algumas aldeias — há quarenta ou cinquenta anos eram numerosíssimas — cujos campos são distribuídos segundo o sistema denominado *rundale*. Os camponeses, arrendatários individuais do solo — este que, em outro tempo, fora propriedade comum da *gens*, tendo sido roubado depois pelo conquistador inglês —, pagam, cada um deles, um arrendamento, mas reúnem as terras de cultivo ou pastagem de todos os lotes, dividem-nas segundo sua localização e sua qualidade em *Gewanne* (como dizem nas margens do Mosela) e dão a cada qual a sua parte em *Gewanne*. Os pântanos e os pastos são de aproveitamento comum. Há cinquenta anos, ainda se faziam repartições de terra de tempos em tempos, em alguns lugares, anualmente. O mapa dos campos de uma aldeia *rundale* tem o mesmo aspecto que uma herdade alemã (*Gehöferschaft*) às margens do Mosela ou na Hochwald. A *gens* sobrevive também nas "*factions*" [facções]. Os camponeses irlandeses, muitas vezes, se dividem em facções calcadas em diferenças aparentemente absurdas. Essas facções são incompreensíveis para os ingleses, parecendo, para eles, não ter nenhum propósito que não seja o das pancadarias solenes, bastante apreciadas, de uma facção contra a outra. São revivescências artificiais, compensações póstumas para as *gentes* desmembradas, que manifestam, a seu modo, a persistência do instinto herdado da *gens*. Em algumas regiões, os membros das *gens* ainda vivem em seu antigo território; assim, na década de 1830, a grande maioria dos habitantes do condado de Monaghan contava apenas quatro nomes de família, e isso significa que descendiam de quatro *gentes* ou clãs.[44]

Na Escócia, o colapso da ordem gentílica data da época em que foi reprimida a revolta de 1745.[LXXXII] Falta investigar qual elemento dessa ordem representa, em especial, o clã escocês. Mas é indubitável que

---

44. Os poucos dias passados na Irlanda[LXXXI] me fizeram lembrar de novo do quanto o povo dali ainda vive sob as ideações da época gentílica. O proprietário de terras, de quem o camponês é arrendatário, é considerado por este como uma espécie de chefe de clã que deve administrar a terra em benefício de todos e a quem o aldeão paga um tributo em forma de arrendamento, mas de quem também deve receber auxílio e proteção em caso de necessidade. E, de igual maneira, considera-se que o irlandês de posição mais abastada está obrigado a socorrer seus vizinhos mais pobres em caso de necessidade. Essa ajuda não é uma esmola; constitui o que corresponde de direito ao mais pobre por parte de seu companheiro de clã mais rico ou de seu chefe de clã. Compreende-se a queixa dos economistas políticos e dos juristas acerca da impossibilidade de inculcar no camponês irlandês a noção da propriedade burguesa moderna. Uma propriedade que só tem direitos e não tem deveres é algo que simplesmente não entra na cabeça do irlandês. Mas também se compreende como os irlandeses que, de repente, vão parar nas grandes cidades inglesas ou norte-americanas, em meio a uma população de concepções muito diferentes acerca da moral e do Direito, acabam facilmente sem nada compreender a respeito do Direito e da moral, perdem seu ponto de apoio e, por vezes, se desmoralizam em massa. (N.A. à quarta edição)

esse elemento existe. Nos romances de Walter Scott, revive diante de nós esse antigo clã alto-escocês. Diz Morgan:

É um exemplar perfeito da *gens* em sua organização e em seu espírito, um assombroso exemplo do poderio da vida da *gens* sobre seus membros. (...) Em suas dissensões e em suas vinganças de sangue, na repartição do território por clãs, na exploração comum do solo, na fidelidade a seu chefe e entre si dos membros do clã, voltamos a encontrar os traços recorrentes da sociedade fundada na *gens* (...) A filiação seguia o direito paterno, de tal modo que os filhos dos homens permaneciam em seus clãs, enquanto os das mulheres passavam aos clãs de seus pais.[LXXXIII]

Porém, o que prova a existência anterior do direito materno na Escócia é o fato de que, na família real dos pictos, segundo Beda,[LXXXIV] era válida a herança pela linha hereditária feminina. Também se conservou entre os escoceses, até a Idade Média, e também entre os habitantes do País de Gales, um vestígio da família punaluana, o direito da primeira noite, que o chefe do clã ou o rei podia exercer com toda recém-casada no dia da boda, na qualidade de último representante dos antigos maridos comuns, se tal direito não fosse resgatado.[45]

É um fato indiscutível que, até a emigração dos povos, os germanos estiveram organizados em *gentes*. É evidente que só ocuparão o território situado entre o Danúbio, o Reno e o Vístula e os mares

---

45. Na edição de 1884, tem-se o seguinte texto: "Esse mesmo direito, que no extremo noroeste da América do Norte pode se observar com frequência, estava vigente na Rússia, sendo abolido pela grã-princesa Olga no século X.
Os domicílios comunistas de famílias em condição de servidão, que existiram na França em Nivernais e na Franché-Comté até a Revolução, de modo semelhante ao das comunidades de famílias eslavas nas regiões servo-croatas, são, da mesma forma, vestígios da organização gentílica mais antiga. Eles não foram eliminados de todo, vê-se, por exemplo, nas proximidades de Louhan (Saône-et-Loire), uma boa quantidade de casas de camponeses, erigidas de modo bastante peculiar, com um salão central comum e dormitórios em volta, sendo habitadas por várias gerações da mesma família". (N.E.O.)

do norte poucos séculos antes de nossa era; os címbrios e os teutões estavam ainda em plena imigração, e os suevos não se estabeleceram em lugares fixos até os tempos de César. Sobre eles, diz César, expressamente, que se estabeleceram por *gentes* e por parentesco (*gentibus cognationibusque*),[LXXXV] e, na boca de um romano da *gens* Júlia, essa expressão "*gentibus*" tem um significado bem definido e que não pode ser negado por demonstração alguma. Ele se referia a todos os germanos; mesmo nas províncias romanas conquistadas, o assentamento parece ter sido empreendido segundo as *gentes*. No direito consuetudinário alamano, consta que o povo se estabeleceu nos territórios conquistados ao sul do Danúbio por linhagens (*genealogiae*);[LXXXVI] a palavra "genealogia" se emprega exatamente no mesmo sentido em que se utilizaram, mais tarde, as expressões "cooperativa da marca" ou "da aldeia". Recentemente, Kovalevski emitiu a opinião segundo a qual essas *genealogiae* mais não seriam senão grandes comunidades domésticas entre as quais se repartia o solo e das quais, mais adiante, nasceram as cooperativas de aldeia. O mesmo se pode dizer, então, a respeito da *fara*, expressão com a qual os burgúndios e os longobardos — um povo originário da tribo dos godos, outro, da dos hermiões ou alto-alemães — designavam, um pouco mais ou um pouco menos, mas com exatidão, o mesmo que se chama de "*genealogia*" no código legal alamano. Deve ainda ser investigado mais a fundo o que encontramos aqui, se é uma *gens* ou uma cooperativa doméstica.

Os documentos filológicos não resolvem nossas dúvidas sobre se para *gens* se dava entre os germanos a mesma denominação ou qual seria essa. Etimologicamente, ao grego *genos* e ao latim *gens* correspondem o gótico *kuni* e o médio alto-alemão *künne*, que também é empregado com o mesmo sentido. O que nos remete aos tempos do direito materno é que o substantivo relativo a mulher deriva da mesma raiz: em grego, *gyné*; em eslavo, *žena*; em gótico, *qvino*; em antigo nórdico, *kona/kuna*. Segundo dissemos, entre os burgúndios e os longobardos encontramos a palavra *fara*, que Grimm faz derivar da raiz hipotética *fisan*, "gerar". Eu preferiria fazê-la derivar da raiz mais evidente, *faran, fahren*, "andar", "migrar", para designar um grupo fixo de uma massa nômade, grupo formado, como é natural, por parentes; essa designação, no transcurso de vários séculos de emigrações, primeiro ao Oriente, depois ao Ocidente, pôde acabar por ser empregada, pouco a pouco, à própria cooperativa consanguínea. Além disso, há o termo gótico *sibja*, o anglo-saxão *sib*, o antigo alto-alemão *sippia, sippa, Sippe* [estirpe]. O nórdico antigo não nos dá mais que o plural *sifjar*, os parentes; o singular só existe como nome de uma deusa, *Sif*. E, por fim, ainda há outra expressão na *Canção de Hildebrando*,[LXXXVII] na qual este pergunta a Hadubrando: "Quem seria o seu pai entre os homens do povo (...) ou de que linhagem serias tu?" (*eddo huêlîhhes cnuosles du sîs*).

Se existiu um nome geral alemão comum para *gens*, por certo que foi o termo gótico "*kuni*"; essa concepção não é apoiada apenas na identidade com as expressões correspondentes das línguas de mesma origem, mas também na circunstância de que, de *kuni*, se deriva "*kuning*", "*König*" [rei], que significava, de forma primitiva, "chefe de *gens* ou tribo". *Sibja, Sippe* [estirpe] parece deixar-se de lado; e *sifjar*, em nórdico antigo, significa não apenas parentes consanguíneos, mas também pelo casamento, e, portanto, abrange membros de, no mínimo, *duas gentes*; logo, *sif* não poderia ter sido a palavra para expressar *gens*.

Tanto entre os germanos como entre os mexicanos e os gregos, a ordem de batalha, e trata-se do esquadrão de cavalaria ou da coluna de infantaria em forma de cunha, era constituída por corporações gentílicas. Quando Tácito diz "por famílias e estirpes",[LXXXVIII] essa expressão vaga se explica pelo fato de que, em sua época, havia muito tempo que a *gens* tinha deixado de ser, em Roma, uma associação vigente.

Uma passagem decisiva de Tácito é aquela em que se diz que o irmão da mãe considera o sobrinho como se fosse filho; há alguns que até têm por mais estreito e sagrado o vínculo de sangue entre tio materno e sobrinho do que o entre pai e filho, de modo que, quando se exigem reféns, o filho da irmã é considerado uma garantia muito maior do que o próprio filho daquele a quem se pretende atingir. Aqui se tem uma relíquia viva da *gens* organizada segundo o direito materno, isto é, da *gens* original, que caracteriza muito em particular os germanos.⁴⁶,⁴⁷ Quando os membros de uma *gens* dessa espécie davam seu próprio filho como penhor de uma promessa, e quando esse filho era vítima da violação do tratado por seu pai, este só tinha de prestar contas a si mesmo. Mas, se o sacrificado era o filho de uma irmã, isso constituía uma violação do mais sagrado direito gentílico; o parente gentílico mais próximo, a quem era incumbida, antes de a todos os demais, a proteção do menino ou do jovem, era considerado o culpado por sua morte. Se não tivéssemos nenhum outro vestígio da constituição gentílica entre os germanos, essa única passagem bastaria.

Ainda mais decisivo, por se tratar de um texto cerca de oitocentos anos posterior, tem-se uma passagem da *Völuspâ*,ˣᶜ antigo cântico nórdico acerca do ocaso dos deuses e do fim do mundo. Nessa "Visão da profetiza", na qual se tem entrelaçados elementos cristãos, segundo o demonstrado hoje por Bang e Bugge, diz-se o seguinte, quando se descrevem os tempos depravados e de corrupção geral, prelúdio de uma grande catástrofe:

> Broedhr munu berjask // ok at bönum verdask
> *munu* systrungar, // *sifjum spilla.*

Irmãos farão a guerra // e converter-se-ão em assassinos uns dos outros, *Filhos de irmãs* // romperão seus laços de estirpe.

---

46. Na edição de 1884, falta o texto a seguir até o enunciado: "O direito materno, aliás...". (N.E.O.)
47. A natureza especialmente estreita dos laços entre tios e sobrinhos maternos, proveniente do tempo do direito materno e encontrada em muitos povos, é conhecida pelos gregos tão somente pela mitologia da era dos heróis. De acordo com Diodoro (IV, 34), Meleagro mata os filhos de Téstio, que é irmão de sua mãe, Alteia. Alteia vê esse ato como tão incontornável sacrilégio que amaldiçoa o assassino, que vem a ser o próprio filho, desejando-lhe a morte. "Pelo que se conta, os deuses ouviram suas preces e deram um fim à vida de Meleagro". De acordo com o mesmo Diodoro (IV, 44), sob o comando de Hércules, os argonautas aportaram na Trácia e descobriram que Fineu, instigado pela nova esposa, maltratava sobremaneira os dois filhos que tivera com a primeira esposa, repudiada, a boréade Cleópatra. Mas também entre os argonautas havia boréades, irmãos de Cleópatra, e, sendo assim, tios maternos dos maltratados. De pronto eles se encarregaram dos sobrinhos, libertaram-nos e mataram os guardas.ᴸˣˣˣᴵˣ (N.A.)

*Systrungr* quer dizer "o filho da irmã da mãe"; e que esses filhos de irmãs reneguem entre si seu parentesco consanguíneo considera-o, o poeta, um crime maior que o próprio fratricídio. O agravamento do crime é expresso pela palavra *systrungar*, que ressalta o parentesco por linha materna; se, no lugar dessa palavra, estivesse *syskina-börn* (filhos de irmãos e irmãs) ou *syskina-synir* (filhos varões de irmãos e irmãs), a segunda linha do texto citado não representaria um agravamento, mas, sim, uma atenuação. Portanto, nos tempos dos viquingues, em que apareceu a *Völuspâ*, a lembrança do direito materno ainda não tinha desaparecido na Escandinávia.

Nos tempos de Tácito, de resto, ao menos[48] entre os germanos, que ele conheceu mais proximamente,[49] o direito materno tinha sido substituído pelo direito paterno; os filhos herdavam do pai; na falta de filhos, sucediam os irmãos e os tios por ambas as linhas, paterna e materna. A admissão do irmão da mãe na herança estava vinculada à manutenção do costume que acabamos de recordar e prova, também, quão recente era, ainda entre os germanos, o direito paterno. Encontram-se resquícios de direito materno também em plena Idade Média. Ao que parece, naquela época não havia muita confiança na paternidade, sobretudo entre os servos; por isso, quando um senhor feudal reclamava a alguma cidade, por exemplo, Augsburgo, Basileia e Kaiserlautern, a devolução de um servo fugido, demandava-se que a condição servil do acusado fosse afirmada, sob juramento, por seis de seus parentes consanguíneos mais próximos, todos eles por linha materna (Maurer, *Städtverfassung* [Constituição urbana], v. I, p. 381).

Outro resquício quase agonizante do matriarcado era o respeito, quase incompreensível para os romanos, que os germanos professavam pelo sexo feminino. As donzelas jovens das famílias nobres eram consideradas as reféns mais seguras nos tratados com os germanos. A ideia de que suas mulheres e suas filhas pudessem padecer cativas ou escravizadas era algo terrível para eles e o que mais incitava

---

48. Na edição de 1884, não há este "ao menos". (N.E.O.)
49. Na edição de 1884, não há "que ele conheceu mais proximamente". (N.E.O.)

a sua coragem nas batalhas. Consideravam a mulher como profética e sagrada e davam ouvido a seus conselhos até nos assuntos mais importantes. Assim, Veleda, a sacerdotisa brúctera das margens do Rio Lippe, foi a alma da insurreição batava na qual Civilis, a liderar os germanos e os belgas, fez vacilar toda a dominação romana nas Gálias.[XCI] Em casa, a autoridade da mulher parecia indiscutível; verdade é que todos os afazeres eram desempenhados por ela, pelos anciãos e pelas crianças, enquanto o homem caçava, bebia ou não fazia nada; assim o diz Tácito. Mas como ele não diz quem lavrava a terra e declara expressamente que os escravos tinham somente de pagar tributo, mas sem realizar nenhum trabalho forçado, pelo visto eram os homens adultos que realizavam o pouco trabalho que exigia o cultivo da terra.

Segundo vimos mais acima, a forma de casamento era o casamento do par, cada vez mais aproximada à monogamia. Não era, ainda, a monogamia estrita, já que a poligamia era permitida aos nobres. De um modo geral, cuidava-se com rigor da castidade das jovens (o contrário do que se passava entre os celtas), e Tácito se expressa também, de forma particularmente acalorada, sobre a indissolubilidade do vínculo conjugal entre os germanos. Não indica mais que o adultério da mulher como motivo de divórcio. Porém, seu relato tem aqui muitas lacunas; além disso, é de todo evidente que serve como um espelho da virtude para os corrompidos romanos. O que há de certo é que, se os germanos foram, em suas florestas, esses excepcionais cavaleiros da virtude, necessitarão de pouquíssimo contato com o exterior para se colocar ao nível do restante da humanidade europeia; no mundo romano, o último vestígio da rigidez de costumes desapareceu com muito mais rapidez do que a língua germânica. Basta ler Gregório de Tours. Claro está que, nas matas virgens da Alemanha, não podiam reinar, como em Roma, excessos refinados dos prazeres sensuais, e assim, também quanto a isso, os germanos tinham boa vantagem sobre o mundo romano sem que precisemos atribuir às coisas da carne uma continência que nunca, nem em povo algum, existiu como regra geral.

A constituição da *gens* deu origem à obrigação de herdar as inimizades do pai ou dos parentes, e também as amizades; outro tanto se pode dizer da "reparação", em vez da vingança de sangue por homicídio ou lesão corporal. Essa reparação [Wergeld], que há apenas uma geração se considerava como uma instituição especificamente germânica, encontra-se, hoje, em centenas de povos, como uma forma atenuada da vingança de sangue própria da gens. Encontramo-la, também, entre os indígenas norte-americanos, associada à obrigação da hospitalidade; a descrição por Tácito (Germânia, cap. 21) da maneira como exerciam a hospitalidade coincide até em seus detalhes com a dada por Morgan a respeito dos indígenas.

Hoje, pertencem ao passado as exaltadas e intermináveis discussões sobre se os germanos de Tácito tinham repartido definitivamente as terras de cultivo e sobre como deviam ser interpretadas as passagens relativas a essa questão. Desde que se demonstrou que, em quase todos os povos, existiu o cultivo comum da terra pela gens e, mais adiante, pelas comunidades familiares comunistas — coisa que César observou já entre os suevos[XCII] —, assim como a posterior distribuição da terra a famílias individuais, com novas repartições periódicas, e desde que está provado que a redistribuição periódica da terra se conservou em certos lugares da Alemanha até nossos dias, não é o caso de gastar mais palavras sobre esse particular. Se desde o cultivo da terra em comum, tal como César o descreve expressamente falando dos suevos (não há entre eles, diz, nenhuma espécie de terras divididas ou particulares), os germanos, nos 150 anos que separam essa época da de Tácito, passaram ao cultivo individual com repartição anual do solo, isso constitui, sem dúvida, um progresso suficiente; a passagem desse estado à plena propriedade privada do solo, nesse breve intervalo e sem nenhuma intervenção estranha, supõe uma simples impossibilidade. Leio, pois, em Tácito, apenas o que ele diz em poucas palavras: eles trocam (repartem de novo) a cada ano a terra cultivada, e, além disso, restam bastantes terras comunitárias.[XCIII] Essa é a etapa da agricultura e da apropriação do solo que corresponde com exatidão à constituição gentílica dos germanos de então.[50]

---

50. Na edição de 1884, não consta o texto que segue até o parágrafo que se inicia com "Enquanto no tempo de César...". (N.E.O.)

Deixo inalterado o parágrafo anterior, tal como se encontra nas outras edições. Nesse ínterim, porém, a questão tomou outro rumo. Desde que Kovalevski demonstrou [ver página 154] a existência, muito difundida, ainda que não seja geral, da cooperativa doméstica patriarcal como estágio intermediário entre a família comunista matriarcal e a família individual moderna, já não se discute, como era feito desde Maurer até Waitz, se a propriedade do solo era comum ou privada; o que hoje se discute é de qual forma se apresentava a propriedade comum. Não há dúvida de que, entre os suevos, existia, nos tempos de César, não apenas a propriedade comum, mas também o cultivo em comum para proveito comum. Ainda se discutirá por muito tempo se a unidade econômica era a *gens*, ou a cooperativa doméstica, ou um grupo consanguíneo comunista intermédio entre ambas, ou se existiram simultaneamente esses três grupos, segundo as condições do solo. Porém, Kovalevski afirma que a situação descrita por Tácito não supunha a cooperativa da marca ou da aldeia, mas, sim, a cooperativa doméstica; só a partir desta última é que, bem mais tarde, se teria desenvolvido, em consequência do incremento da população, a cooperativa da aldeia.

Segundo esse ponto de vista, os assentamentos dos germanos no território ocupado por eles nos tempos dos romanos, assim como na região que mais adiante eles tomaram destes, não consistiam em aldeias, mas em grandes cooperativas familiares que compreendiam muitas gerações, cultivavam uma extensão de terra correspondente ao número de seus membros e utilizavam com seus vizinhos, como marca comum, as terras em volta que continuavam não cultivadas. Portanto, a passagem de Tácito relativa às mudanças do solo cultivado deveria tomar-se, de fato, no sentido agronômico, no sentido de que todo ano a cooperativa cultivava certa extensão de terra, e a terra cultivada no ano anterior ficava em repouso ou era tomada pelo mato. Dada a pouca densidade populacional, havia sempre sobra de terrenos baldios, o que tornava inútil toda a disputa pela posse do solo. E as cooperativas de família só deviam se dissolver séculos depois, quando o número de seus membros havia crescido tanto que já não era possível o trabalho comum nas condições de produção da época; os roçados e os campos, até então comuns, foram repartidos, da maneira que se conhece, entre as famílias individuais que estavam se formando, a princípio por um tempo e, logo, de uma vez para sempre, ao passo que floresta, pastagens e águas continuavam a ser de aproveitamento comum.

Com relação à Rússia, parece plenamente demonstrada pela história essa marcha da evolução. No que diz respeito à Alemanha, e, em segundo lugar, aos outros países germânicos, não cabe negar que essa hipótese elucida melhor os documentos e resolve com mais facilidade as dificuldades do que a adotada até agora, que faz remontar a Tácito a comunidade aldeã. Os documentos mais antigos, por exemplo, o *Codex Laureshamensis*,[XCIV] podem, em seu todo, ser muito mais bem explicados valendo-se da cooperativa doméstica do que pela cooperativa aldeã. Por outro lado, essa hipótese promove outras dificuldades e novas questões que precisarão de resolução. Aqui, somente novas investigações podem decidir; não obstante, não posso negar que, como grau intermediário, a cooperativa doméstica tenha boa probabilidade de aplicação também para a Alemanha, a Escandinávia e a Inglaterra.

Enquanto, na época de César, os germanos, em parte, tinham acabado de estabelecer residências fixas e, em parte, ainda buscavam fazê-lo, no tempo de Tácito já haviam passado por um século inteiro de sedentarismo, de modo que não se pode pôr em dúvida o progresso na produção dos meios de subsistência. Vivem em casas de troncos, sua vestimenta é ainda muito primitiva, própria dos silvícolas; grosseiros casacos de lã, peles de animais e, para as mulheres e os nobres, túnicas de linho. Seu alimento se compõe de leite, carne, frutas silvestres e, como acrescenta Plínio, mingau de farinha de aveia[XCV] (ainda hoje, um prato nacional celta na Irlanda e na Escócia). Sua riqueza era constituída por gado, mas de raça inferior; os bovinos eram pequenos, de má figura, sem cornos; os cavalos eram pequenos pôneis, não eram corredores. A moeda, exclusivamente romana, era escassa e de pouco uso. Não trabalharam o ouro nem a prata, nem tinham apreço por eles; o ferro era raro e, ao menos nas tribos do Reno e do Danúbio, parece quase que exclusivamente importado, já que eles próprios não o extraíam. Os caracteres rúnicos (imitação das letras gregas ou latinas) só eram conhecidos como escrita secreta e se empregavam unicamente para a feitiçaria religiosa. Ainda estavam em uso os sacrifícios humanos. Em resumo, era um povo que apenas acabava de passar do estágio intermediário para o estágio superior da barbárie. Porém, enquanto, nas tribos limítrofes com os romanos, a maior facilidade para importar os produtos da indústria romana impediu o desenvolvimento de uma indústria metalúrgica e têxtil própria, não cabe dúvida de que a nordeste, nas margens do Mar Báltico, essa indústria se formou. As peças de armamento encontradas nos pântanos do Schleswig (uma longa espada de ferro, uma couraça de malha, um elmo de prata, etc.), com moedas romanas de fins do século II, e os objetos metálicos de fabricação germânica difundidos pela migração desses povos apresentam um tipo originalíssimo de arte e são de uma perfeição incomum, mesmo quando imitam, em seus começos, originais romanos. A emigração ao civilizado Império Romano pôs termo, em toda parte, a essa indústria autóctone, exceto na Inglaterra. Os broches de bronze, por exemplo, mostram-nos com que uniformidade nasceram e se desenvolveram essas indústrias. Os exemplares que foram encontrados na Borgonha, na Romênia e nas margens do Mar de Azov poderiam ter saído da mesma oficina que os broches ingleses e suecos, e, sem dúvida alguma, são também de origem germânica.

A constituição dos germanos corresponde igualmente ao estágio superior da barbárie. Segundo Tácito, em toda parte existia o conselho dos chefes (príncipes), que decidia nos assuntos de menor gravidade e preparava os assuntos mais importantes para apresentá-los à votação na assembleia do povo. Esta última, no estágio inferior da barbárie — ao menos entre os norte-americanos, onde a encontramos —, só existe para a *gens*, porém, não ainda para a tribo ou para a confederação das tribos. Os chefes (príncipes) se distinguem ainda muito dos líderes guerreiros (*duces*), assim como entre os iroqueses. Os primeiros vivem já, em parte, de presentes honoríficos, que consistem em gado, grãos, cereais, etc., dados pelos membros da *gens*; quase sempre, como na América, são eleitos, mas pertencem, de modo geral, sempre a uma mesma família. A passagem ao direito paterno favorece a transformação progressiva da eleição em direito por hereditariedade, como na Grécia e em Roma, e, da mesma forma, tem-se a formação de uma família nobre em cada *gens*. A maior parte dessa antiga nobreza, chamada de tribo, desapareceu com a emigração dos povos ou, pelo menos, pouco tempo depois. Os comandantes de tropas eram eleitos sem que se atentasse para sua origem, somente levando-se em conta sua competência. Tinham escasso poder e deviam influir por meio do exemplo. É de maneira expressa que Tácito atribui o poder disciplinar no exército aos sacerdotes. O verdadeiro poder pertencia à assembleia do povo. O rei ou chefe da tribo preside; o povo decide que "não" com murmúrios e que "sim" com aclamações e fazendo ruído com as armas. A assembleia popular é, também, tribunal de justiça; aqui são apresentadas as demandas e são resolvidas as querelas, aqui se dita a pena de morte, mas, com esta, só se castigam a covardia, a traição ao povo e a volúpia antinatural. Nas *gentes* e em outras subdivisões, também é a coletividade que faz justiça, sob a presidência do chefe; este, como em toda administração da justiça germana original, não pode ter sido mais do que dirigente do processo e interrogador. Entre os germanos, desde o princípio e por toda parte, a coletividade era o juiz.

    A partir dos tempos de César, haviam se formado confederações de tribos. Em algumas, havia reis. O mesmo que se tinha entre os gregos e entre os romanos, o chefe militar supremo aspirava já à tirania, logrando-a por vezes. Ainda que esses usurpadores não exercessem o poder absoluto, começaram a romper as amarras da constituição gentílica. Enquanto, em outros tempos, os escravos libertos eram em geral mantidos em uma condição inferior, já que não podiam pertencer a nenhuma *gens*, esses favorecidos pelo novo rei, muitas vezes, chegavam a ter altos cargos, muitas riquezas e honras. O mesmo ocorreu depois da conquista do Império Romano pelos comandantes de tropas, convertidos, desde então, em reis de extensos países. Entre os francos, os escravizados e os libertos dos reis exerceram um importante papel, primeiro na corte e depois no Estado; deles veio a descender grande parte da nova nobreza.

Uma instituição favoreceu o advento da monarquia: as comitivas. Já vimos, entre os peles-vermelhas norte-americanos, como, paralelamente à constituição gentílica, criavam-se sociedades privadas para guerrear por sua própria conta e risco. Essas sociedades privadas tinham adquirido, entre os germanos, um caráter permanente. Um líder guerreiro de renome juntava um bando de jovens ávidos por um butim, jurando fidelidade a ele próprio e entre si. O líder cuidava de seu sustento, dava-lhes presentes e os organizava em determinada hierarquia; formava uma escola e uma tropa aguerrida para as expedições pequenas e um corpo de oficiais instruídos para as expedições maiores. Por mais fracas que devem ter sido essas comitivas na realidade — por exemplo, as de Odoacro na Itália —, elas constituíram o germe da ruína da antiga liberdade popular, coisa que pôde se comprovar durante a emigração dos povos e depois dela. Isso porque, em primeiro lugar, favoreceram o advento do poder real e, em segundo lugar, como já o observou Tácito, só podiam se manter em estado de coesão por meio de contínuas guerras e expedições de rapina, o que se lhes converteu em um fim. Quando o líder da comitiva não tinha nada a fazer contra as cercanias, ia com suas tropas a outros povos onde houvesse guerra e possibilidades de saque; as forças auxiliares germânicas que lutaram, em grande número, sob a bandeira romana e combatiam até contra os próprios germanos compunham-se, em parte, de comitivas dessa espécie. Constituíram o embrião dos futuros lansquenetes [*Landknechte*], vergonha e maldição para os germanos. Depois da conquista do Império Romano, essas comitivas dos reis, com os cortesãos não libertos e romanos, formaram o segundo elemento principal da futura nobreza.

Em linhas gerais, portanto, entre as tribos germanas reunidas em povos vigorou a mesma constituição que se desenvolveu entre os gregos da época heroica e entre os romanos da era assim chamada dos reis: assembleias do povo, conselho dos chefes das *gens*, comandante de tropas que aspira já a um verdadeiro poder real. Essa era a constituição mais desenvolvida que pôde produzir a ordem gentílica; era a constituição típica do estado superior da barbárie. O regime gentílico acabou no dia em que a sociedade saiu dos limites dentro dos quais essa constituição era suficiente. Esse regime fez-se rompido, e o Estado ocupou o seu lugar.

## VIII. A FORMAÇÃO DO ESTADO PELOS GERMANOS

De acordo com Tácito, os germanos eram um povo muito numeroso. Por César, temos uma noção aproximada da força dos diferentes povos germanos. Segundo ele, os usípios e o tencteros, que apareceram na margem esquerda do Reno, eram 180 mil, incluídos mulheres e crianças. Isso significa algo em torno de 100 mil indivíduos para cada povo,[51] número muito mais alto, por exemplo, que a totalidade dos iroqueses em seus tempos mais florescentes, quando, em número menor de 20 mil, fizeram o terror do país inteiro, compreendido entre os Grandes Lagos até o Ohio e o Potomac. Se fôssemos assinalar, em um mapa, o assentamento dos povos das margens do Reno, que conhecemos melhor pelos relatos chegados até nós, veríamos que cada um desses povos ocupa no mapa mais ou menos a mesma superfície que um departamento prussiano, ou seja, 10 mil quilômetros quadrados ou 182 milhas geográficas quadradas. A Germânia Magna dos romanos, até o Vístula, abarcava em números redondos cerca de 500 mil quilômetros quadrados. Pois bem, tomando para cada povo uma população média de 100 mil indivíduos, a população total da Germânia Magna se elevaria a 5 milhões, número considerável para um grupo de povos bárbaros, mas extremamente baixo para nossas atuais condições (dez habitantes por quilômetro quadrado ou 550 por milha geográfica quadrada). Mas esse número de modo algum abarca todos os germanos que viviam naquela época. Sabemos que, ao largo dos Cárpatos até a desembocadura do Danúbio, viviam

---

51. O número aqui estimado é confirmado por uma passagem de Diodoro sobre os celtas gálicos: "Na Gália, vivem muitos povos de proporções diferentes. Os maiores abrangem cerca de duzentas mil pessoas, os menores, cinquenta mil" (Diodoro Siculus, V, 25). Portanto, a média é de 125 mil indivíduos; os povos gálicos, por seu estágio mais elevado de desenvolvimento, são mais numerosos que os alemães. (N.A.)

povos germanos de linhagem gótica — os bastarnas, peucinos e outros —, tão numerosos que Plínio os tem por quinta tribo principal entre os germanos;[XCVI] e, já no ano 180 antes de nossa era, esses povos serviam como mercenários ao rei macedônio Perseu e, nos primeiros anos do império de Augusto, avançaram até chegar à região de Adrianópolis. Supondo que fossem apenas um milhão, teremos, no começo de nossa era, um total provável de seis milhões de germanos, pelo menos.

Depois de fixar sua residência definitiva na Germânia, a população deve ter se multiplicado com rapidez cada vez maior; prova disso são os progressos industriais de que antes falamos. Os descobrimentos feitos nos pântanos do Schleswig são do século III, a julgar pelas moedas romanas que formam parte deles. Assim, pois, por aquela época já havia, na orla do Mar Báltico, uma indústria metalúrgica e uma indústria têxtil desenvolvidas, entabulava-se um comércio ativo com o Império Romano e, entre os ricos, existia certo luxo, tudo isso indício de uma população mais densa. Mas também, por aquela época, inicia-se a ofensiva geral dos germanos em toda a extensão do Reno, da fronteira fortificada romana e do Danúbio, desde o Mar do Norte até o Mar Negro — prova direta do aumento constante da população, a qual tendia à expansão territorial. A luta durou três séculos, durante os quais todas as tribos principais dos povos góticos (exceto os godos escandinavos e os burgúndios) avançaram para o sudeste, formando a ala esquerda da grande linha de ataque, no centro da qual os alto-alemães (hermiões) avançavam ao longo do alto Danúbio, e os istevões, que passaram a se chamar francos, pela ala direita avançavam pelo Reno. Aos ingevões coube o encargo de conquistar a Britânia. Em fins do século V, o Império Romano, débil, anêmico e impotente, se fazia aberto à invasão dos germanos.

Antes, estávamos no berço da antiga civilização grega e romana. Agora, estamos junto a seu sepulcro. A planície niveladora da dominação mundial dos romanos, durante séculos, havia passado por todos os países da bacia do Mediterrâneo. Em todas as partes em que o idioma grego não ofereceu resistência, as línguas nacionais tiveram de ir cedendo espaço a um latim corrompido; desapareceram as diferenças nacionais, e já não havia gálios, iberos, lígures, nóricos; todos haviam sido convertidos em romanos. A administração e o Direito romanos tinham dissolvido em toda parte as antigas uniões gentílicas e, de uma só vez, os últimos resquícios de independência local ou nacional. A cidadania romana recém-saída do forno e conferida a todos não oferecia compensação; não expressava nenhuma nacionalidade, indicava tão só a carência de uma nacionalidade. Existiam, em toda parte, elementos de novas nações; os dialetos latinos das diversas províncias foram se diferenciando cada vez mais; as fronteiras naturais, que tinham determinado a existência como territórios independentes da Itália, da Gália, da Espanha e da África subsistiam e ainda se faziam sentir. Mas, não existia em parte alguma a força necessária para formar, com esses elementos, nações novas; em parte alguma existia a menor capacidade para desenvolver-se ou energia para resistir, sem falar de capacidade de criação. A enorme massa humana daquele imenso território tinha apenas um vínculo que a mantinha coesa, e este veio a ser, com o tempo, seu pior inimigo e seu mais cruel opressor. As províncias tinham arruinado Roma; a mesma Roma se convertera numa cidade de província como as demais — com suas prerrogativas, porém, já não soberana; não mais o centro do império mundial, nem mesmo sede dos imperadores e governadores, pois estes residiam em Constantinopla, em Trier, em Milão. O Estado romano se tinha transformado numa máquina gigantesca e complicada, com o exclusivo fim de explorar seus súditos. Impostos, serviços obrigatórios ao Estado e fornecimentos de todo tipo empurravam a massa da população para uma pobreza cada vez mais profunda. As extorsões praticadas por procuradores, cobradores de impostos e soldados reforçavam a opressão, tornando-a insuportável. A esta situação levou o domínio do Estado romano sobre o mundo: baseava seu direito à existência na manutenção da ordem no interior e na proteção contra os bárbaros no exterior. Porém, sua ordem era mais prejudicial que a pior desordem, e os bárbaros, dos quais pretendia proteger os cidadãos, eram por estes ansiados como salvadores.

Não era menos desesperadora a situação social. Nos últimos tempos da república, a dominação romana se reduzia a uma exploração sem escrúpulos das províncias conquistadas; o império, longe de suprimir tal exploração, regulamentou-a. À medida que o império declinava, mais aumentavam os impostos e as prestações, maior era o descaramento com que os funcionários saqueavam e extorquiam. O comércio e a indústria nunca tinham sido ocupações dos romanos, dominadores de povos; foi na usura que superaram tudo quanto houve antes e depois deles. O comércio que encontraram e que tinham podido conservar por certo tempo pereceu pelas extorsões dos funcionários, e, se algo ficou de pé, foi a parte grega, oriental, do império, da qual não vamos nos ocupar no presente trabalho. Empobrecimento geral; retrocesso do comércio, dos ofícios manuais e da arte; diminuição da população; decadência das cidades; recuo da agricultura a um grau mais baixo — tal foi o resultado final da dominação romana universal.

A agricultura, o mais importante ramo da produção em todo o mundo antigo, voltou a sê-lo mais do que nunca. Os imensos domínios (latifúndio), que desde o fim da república ocupavam quase todo o território da Itália, eram explorados de duas maneiras: ou em pastagens para o gado, ali onde a população tinha sido substituída por ovelhas e bois, cujos cuidados exigiam um pequeno número de escravizados; ou como *villas*, onde massas de escravizados se dedicavam à horticultura em grande escala, em parte para satisfazer o afã de luxo dos proprietários, em parte para prover de víveres os mercados das cidades. As extensas pastagens tinham sido conservadas e até estendidas; as *villas* e sua horticultura se tinham arruinado por efeito do empobrecimento de seus proprietários e da decadência das cidades. A exploração dos latifúndios, baseada no trabalho escravo, já não produzia benefícios, mas, naquela época, era a única forma possível para a agricultura em grande escala. O cultivo em pequenas fazendas tinha chegado a ser, de novo, a única forma de remuneração. Uma atrás da outra, as *villas* foram divididas em pequenas parcelas e entregues a arrendatários hereditários — que pagavam certa quantia em dinheiro — ou a *partiarii*, mais administradores do que arrendatários — que recebiam por seu trabalho a sexta ou até apenas a nona parte do produto anual de seu trabalho. Mas essas pequenas parcelas eram entregues de preferência a colonos que pagavam em troca uma retribuição anual fixa; esses colonos ficavam presos ao torrão e podiam ser vendidos com suas parcelas; não eram propriamente escravizados, mas tampouco eram livres; não podiam se casar com mulheres livres, e seus matrimônios entre si não eram considerados matrimônios válidos, mas, sim, simples concubinatos (*conturbenium*), no estilo do matrimônio entre escravizados. Foram os precursores dos servos da Idade Média.

O tempo da antiga escravidão havia passado. Nem no campo, na agricultura em grande escala, nem nas manufaturas citadinas produzia ela algum resultado que valesse a pena — havia desaparecido o mercado para seus produtos. No entanto, a agricultura em pequenas fazendas e a pequena indústria, a que se via reduzida a gigantesca produção escravagista dos tempos florescentes do império, não tinham onde empregar seus numerosos escravizados. Na sociedade só encontravam lugar os domésticos escravizados e os domésticos de luxo dos ricos. Mas a agonizante escravidão ainda era suficiente para fazer considerar todo o trabalho produtivo como tarefa própria de escravizados e indigna de um romano livre — e, naquela época, todos o eram. Assim, vemos, por uma parte, o aumento crescente da alforria a escravizados supérfluos, convertidos em fardos; e, por outro lado, o aumento dos colonos e de cidadãos livres depauperados (análogos aos *poor whites* [brancos pobres] dos antigos Estados escravagistas dos Estados Unidos). O cristianismo não teve absolutamente nada a ver com a extinção gradual da escravidão. Durante séculos, ele coexistiu com a escravidão no Império Romano e, mais adiante, jamais impediu o comércio de escravizados dos cristãos, nem o dos germanos no norte, nem o dos venezianos no Mediterrâneo, nem, mais recentemente, o tráfico de negros.[52] A escravidão não compensava mais e, por isso, acabou por desaparecer. Mas, ao

---

52. De acordo com o bispo Liutprando de Cremona, em Verdum, isto é, no Sacro Império Germânico, no século X, o principal ramo industrial era a fabricação de eunucos, exportados com muito lucro para a Espanha, a fim de suprir os haréns mouros.[XCVII](N.A.)

morrer, deixou atrás de si seu aguilhão venenoso sob a forma de proscrição do trabalho produtivo para os homens livres. Este era o beco sem saída no qual se encontrava o mundo romano: a escravidão era economicamente impossível, e o trabalho dos homens livres estava moralmente proscrito. A primeira não podia ser mais, e o segundo não podia ser ainda a forma básica da produção social. Só o que poderia ajudar aqui seria uma completa revolução.

Nas províncias, a situação não era melhor. A maior parte das informações que temos se refere à Gália. Ali, junto aos colonos, ainda havia pequenos agricultores livres. Para estar a salvo das violências dos funcionários públicos, dos juízos e dos usurários, punham-se, não raro, sob a proteção de um patronato de um poderoso; e não foram apenas indivíduos isolados que tomaram essa precaução, mas, sim, comunidades inteiras, de modo que, no século IV, os imperadores tiveram, muitas vezes, de promulgar decretos proibindo essa prática. Mas de que servia isso aos que buscavam proteção? O patrono lhes impunha a condição de que transferissem o direito de propriedade de suas terras e, em compensação, lhes assegurava o seu usufruto vitalício — a Santa Igreja manteve na memória e imitou zelosamente esse expediente nos séculos IX e X para multiplicar o reino de Deus e seus próprios bens terrenos. Verdade é que — por aquela época corria o ano de 475 — Salviano, o bispo de Marselha, ainda protestava contra semelhante roubo e relatava que a opressão dos funcionários romanos e dos grandes senhores de terra chegava a ser tão cruel que muitos "romanos" fugiram para as regiões já ocupadas pelos bárbaros, e os cidadãos romanos nelas estabelecidos tinham como maior temor voltar a cair sob a dominação romana.[XCVIII] Que, na época, muitos pais vendiam seus filhos como escravos por causa da miséria, prova-o a lei promulgada para proibir essa prática.

Como compensação por ter libertado os romanos de seu próprio Estado, os bárbaros germanos se apropriaram de dois terços de suas terras e as repartiram entre si. A repartição era feita segundo a ordem estabelecida pela constituição gentílica; como os conquistadores eram relativamente poucos, permaneceram indivisas amplas extensões de terra, parte delas como propriedade de todo o povo e parte como propriedade das tribos e *gentes*. Em cada *gens*, as terras de cultivo e as de pastagem se dividiram em parte iguais, entre os domicílios individuais. Não sabemos se, posteriormente, se fizeram novas repartições; em todo caso, esse costume logo se perdeu nas províncias romanas, e as parcelas individuais se tornaram propriedade privada expropriável, *allod*. As matas e os campos permaneceram indivisos para seu uso coletivo; o uso que lhes seria dado, bem como o modo de cultivar a terra repartida, regulava-se segundo o antigo costume e por decisão da coletividade. Quanto mais tempo ficava a *gens* estabelecida em sua aldeia, e quanto mais iam se confundindo germanos e romanos, tanto mais o caráter familiar de associação dava lugar a um caráter territorial. A *gens* desaparecia na cooperativa da marca, onde, não obstante, ainda eram frequentemente visíveis os vestígios do parentesco de seus membros. Dessa maneira, a organização gentílica imperceptivelmente se transformou numa organização territorial e se pôs em condições de adaptar-se ao Estado, ao menos nos países em que se manteve a comunidade da marca (norte da França, Inglaterra, Alemanha e Escandinávia). Não obstante, manteve o caráter democrático original próprio de toda organização gentílica, e, assim, salvou, mesmo no período da degeneração que veio a lhe ser imposta, parte da constituição gentílica, e com ela uma arma nas mãos dos oprimidos, que se conservou até os tempos mais recentes.

Se o vínculo consanguíneo se perdeu com rapidez na *gens*, isso se deveu a que seus organismos na tribo e no povo degeneraram por efeito da conquista. Sabemos que a dominação dos subjugados é incompatível com a constituição gentílica, e aqui o vemos em grande escala. Os povos germanos, donos das províncias romanas, tinham de organizar sua conquista. Mas não se podiam absorver as massas romanas nas corporações gentílicas nem dominar as primeiras por meio das segundas. À frente dos organismos locais da administração romana, de início conservados em grande parte, era preciso colocar, em substituição ao Estado romano, outro poder, e este só podia ser outro Estado. Os órgãos da constituição gentílica tinham, assim, de ser transformados em órgãos de Estado, e isso com muita rapidez, dada a pressão das circunstâncias. Mas o representante mais próprio do povo conquistador era o chefe militar. A segurança interna e externa do território conquistado exigia que se reforçasse o seu poder. Tinha chegado a hora de transformar o comando militar em monarquia, e tal de fato se consumou.

Tomemos o reino dos francos. Nele, ao povo vitorioso dos sálios correspondeu a posse absoluta não apenas dos vastos domínios do Estado romano, mas também de todos os demais imensos territórios ainda não distribuídos entre as grandes e pequenas cooperativas dos vales e das marcas, sobretudo as das muito extensas superfícies cobertas por florestas. A primeira coisa que fez o rei franco, ao converter-se de simples líder militar supremo em um verdadeiro príncipe, foi transformar essas propriedades do povo em domínios reais, roubá-las do povo e doá-las ou concedê-las em feudo a pessoas de seu séquito. Esse séquito, formado originalmente por sua guarda militar pessoal e pelos demais subcomandantes do exército, não tardou a se ver reforçado não apenas com romanos, isto é, com gálios romanizados, que logo se fizeram indispensáveis por sua educação e por seu conhecimento da escritura e do latim vulgar e literário, assim como do direito do país, mas também com escravizados, servos e libertos, que constituíam sua corte e entre os quais elegia seus favoritos. Foram todos presenteados, num primeiro momento, com lotes de terra do povo, os quais mais tarde lhes foram concedidos sob a forma de benefícios, na maioria das vezes outorgados, de início, para enquanto durasse a vida do rei.[XCIX] Assim se assentaram as bases de uma nobreza nova às expensas do povo.

Porém, isso não foi tudo. Em razão de suas vastas dimensões, não se podia governar o novo Estado com os meios da antiga constituição gentílica; o conselho dos líderes, quando não havia desaparecido havia muito tempo, não podia se reunir e não tardou em ver-se substituído pelos que compunham o entorno permanente do rei; conservou-se, por pura forma, a antiga assembleia do povo, mas convertida, cada vez mais, numa simples reunião de subcomandantes do exército e da nova nobreza nascente. Os camponeses livres proprietários do solo, que eram a massa do povo franco, caíram exauridos e foram arruinados pelas eternas guerras civis e de conquista — por estas últimas, sobretudo, sob Carlos Magno —, e tão completamente como antes havia ocorrido com os camponeses romanos nos últimos anos da República. Esses camponeses, que originariamente formaram todo o exército e constituíam seu núcleo depois da conquista da França, empobreceram a tal extremo, nos começos do século IX, que apenas um em cada cinco dispunha das condições necessárias para sair em campanha. Em lugar do exército de camponeses livres recrutados diretamente pelo rei, surgiu um exército composto pelos vassalos da nova nobreza. Entre esses servidores, havia camponeses servos, descendentes daqueles que, em outro tempo, não tinham conhecido senhor algum senão o rei, e que, numa época ainda mais remota, não conheciam senhor algum, nem mesmo o rei. Sob os sucessores de Carlos Magno, completaram a ruína dos camponeses francos as guerras intestinas, a debilidade do poder real, as correspondentes usurpações dos nobres, a quem vieram se agregar os condes das comarcas, instituídos por Carlos Magno, que aspiravam a fazer hereditárias as suas funções,[C] e, por último, as incursões dos normandos. Cinquenta anos depois da morte de Carlos Magno, o império dos francos jazia tão incapaz de resistência aos pés dos normandos quanto, quatro séculos antes, o Império Romano estivera aos pés dos francos.

E não havia só a impotência diante do exterior, mas quase o mesmo aconteceu com a ordem, ou melhor, com a desordem social no interior. Os camponeses francos livres se viram numa situação análoga à de seus predecessores, os colonos romanos. Arruinados pelas guerras e pelos saques, tiveram de se colocar sob a proteção da nova nobreza nascente ou da Igreja, já que o poder real era por demais fraco para protegê-los; mas essa proteção lhes custava caro. Como em outros tempos acontecia com os camponeses gálicos, os camponeses francos também tinham de transferir a posse de suas terras, pondo-lhes em nome do senhor feudal, seu patrono, de quem tornavam a recebê-las em arrendamento sob formas diversas e variáveis, mas sempre em troca de prestação de serviços e de pagamento de tributos; reduzidos a essa forma de dependência, pouco a pouco perderam sua liberdade individual e, ao cabo de poucas gerações, em sua maior parte, já eram servos da gleba. A rapidez com que se deu a ruína do estamento dos camponeses livres é evidenciada pelo livro cadastral composto por Irminon,[CI] para a abadia de Saint-Germain-des-Prés, em outros tempos próxima de Paris, hoje situada dentro da cidade. Nos extensos campos da abadia, que se estendia para além de seu contorno, havia, então, nos tempos de Carlos Magno, 2.788 domicílios, compostos quase exclusivamente por francos de nome germânico. Entre eles, contavam-se 2.080 colonos, 35 lites,[CII] 220 escravos e apenas oito arrendatários livres! Declarada ímpia pelo bispo Salviano, a prática do patrono de fazer o camponês lhe transferir a propriedade da gleba e devolvê-la por todo o tempo de sua vida para o cultivo era empregada de maneira generalizada pela Igreja contra os camponeses. Os trabalhos forçados, que eram cada vez mais empregados, tiveram como modelo tanto as angárias romanas,[CIII] isto é, serviços obrigatórios prestados ao Estado, quanto os serviços impostos aos membros das marcas alemãs para a construção de pontes e estradas, e outros trabalhos de utilidade comum. Assim, pois, parecia como se, ao cabo de quatro séculos, a massa da população tivesse voltado a seu ponto de partida.

Porém, isso provava apenas duas coisas: em primeiro lugar, que a diferenciação social e a distribuição da propriedade no Império Romano agonizante tinham correspondido, inteiramente, ao grau de produção contemporânea na agricultura e na indústria, sendo, por conseguinte, inevitáveis; em segundo lugar, que o estágio da produção não baixara nem se elevara significativamente nos quatrocentos anos seguintes e, por isso, havia produzido necessariamente a mesma distribuição da propriedade e as mesmas classes da população. Nos últimos séculos do Império Romano, a cidade tinha perdido seu domínio sobre o campo e não o havia recuperado nos primeiros séculos da dominação germânica. Isso presume um baixo grau de desenvolvimento da agricultura e da indústria. Essa situação geral produz, necessariamente, grandes proprietários de terra dominantes e pequenos agricultores dependentes. Em tal sociedade não era possível enxertar nem a economia romana dos latifúndios com o emprego de escravizados nem o, já mais recente, cultivo em larga escala com o uso de trabalhos forçados. Os imensos experimentos feitos por Carlos Magno, com suas famosas *villas* imperiais, desaparecidas quase sem deixar vestígios, provam quão pouco possível era enxertar em semelhante sociedade a economia latifundiária romana com escravos ou o mais recente cultivo em grande escala com o uso de trabalho forçado. Só mesmo os mosteiros mantiveram esses experimentos, e só para eles se mostraram produtivos; ocorre que os mosteiros eram corporações sociais de caráter anormal, baseadas no celibato. É certo que podiam realizar coisas excepcionais, mas, para isso, deviam se manter excepcionais.

E, no entanto, durante esses quatrocentos anos, houve progressos. Se, ao expirar desses quatro séculos, encontramos quase as mesmas classes principais que no início, o fato é que as pessoas que compunham essas classes tinham mudado. A antiga escravidão havia desaparecido, como haviam desaparecido também os livres depauperados que menosprezavam o trabalho por considerá-lo uma ocupação própria de escravizados. Entre o colono romano e o novo servo tinha vivido o livre camponês franco. A "lembrança inútil e a luta vã" do romanismo em decadência estavam mortos e enterrados. As classes sociais do século IV não tinham se formado no terreno pantanoso de uma civilização em declínio, mas entre as dores do parto de uma civilização nova. A nova linhagem, tanto de senhores quanto de servos, era uma linhagem de homens, se comparada com a de seus predecessores romanos. As relações entre os poderosos proprietários de terra e os camponeses que deles dependiam, relações que tinham sido para os romanos a forma de ruína irremediável do mundo antigo, foram, para a nova linhagem, o ponto de partida de um novo desenvolvimento. E, além disso, por mais estéreis que possam parecer esses quatrocentos anos, nem por isso deixaram de produzir *um* grande resultado: as nacionalidades modernas, a refundição e a diferenciação da humanidade na Europa ocidental para a história futura. Os germanos, com efeito, tinham revivificado a Europa, e, por esse motivo, a destruição dos Estados no período germânico não levou à subjugação pelos normandos e sarracenos, mas, sim, ao aperfeiçoamento dos benefícios e do patronato (*Kommendation*)[CIV] rumo ao feudalismo[53] e a um incremento tão imenso da população que, dois séculos depois, foi possível suportar sem grande dano as fortes sangrias impostas pelas cruzadas.

Porém, qual misterioso sortilégio permitiu aos germanos incutir uma força vital nova à Europa agonizante? Seria um poder milagroso e inato à raça germânica, como nos contam nossos historiadores chauvinistas? De modo algum. Os germanos, sobretudo naquela época, eram uma tribo ariana muito favorecida pela natureza e em pleno processo de vigoroso desenvolvimento. Ocorre que não foram suas qualidades nacionais específicas as que rejuvenesceram a Europa, mas simplesmente sua barbárie, sua constituição gentílica.

Sua capacidade e sua valentia pessoais, seu espírito de liberdade e seu instinto democrático, que via seus próprios assuntos em todos os assuntos públicos, numa palavra, todas as qualidades que os romanos tinham perdido e as únicas capazes de formar, da lama do mundo romano, novos Estados e novas nacionalidades — o que eram tais qualidades senão os traços característicos dos bárbaros do estágio superior da barbárie, frutos de sua constituição gentílica?

Se transformaram a forma antiga da monogamia, se suavizaram a autoridade do homem na família e deram à mulher uma situação mais elevada do que jamais ela conhecera no mundo clássico, o que os fez capazes disso senão sua barbárie, seus hábitos gentílicos, suas heranças, vivas entre eles, dos tempos do direito materno?

Se, pelo menos nos três países principais, Alemanha, norte da França e Inglaterra, eles salvaram parte da genuína constituição da *gens*, transplantando-a ao Estado feudal sob a forma de cooperativas de marcas, proporcionando assim à oprimida classe dos camponeses, mesmo sob a mais cruel servidão da Idade Média, um ponto de coesão local e um meio de resistência que não tiveram à sua disposição os escravos da Antiguidade e não a tem o proletariado moderno — a que isso se deve senão à sua barbárie, a seu sistema exclusivamente bárbaro de colonização por linhagens?

---

53. Na edição de 1884, o enunciado termina aí. (N.E.O.)

E, por fim, quando desenvolveram e puderam tornar exclusivas a forma de servidão mitigada que haviam empregado já em seu país natal, e que foi substituindo cada vez mais a escravidão no Império Romano; uma forma que, como Fourier foi o primeiro a evidenciar,[CV] oferece aos oprimidos meios para emancipar-se gradualmente como classe ("fournit aux cultivateurs des moyens d'affranchissement collectif et progressif" [forneça aos agricultores meios para a sua libertação coletiva e progressiva]); uma forma que, por esse aspecto, supera em muito a escravidão, na qual é possível somente a libertação individual imediata, sem estágio intermediário (a Antiguidade não apresenta nenhum exemplo de supressão da escravidão por uma rebelião vitoriosa) — ao passo que os servos da Idade Média chegaram pouco a pouco a conseguir sua emancipação como classe —, a que se deve isso senão à sua barbárie, graças à qual não tinham chegado ainda a uma escravidão completa, nem à antiga escravidão do trabalho, nem à escravidão doméstica oriental?

Tudo o que de força e vitalidade os germanos implantaram no mundo romano era algo próprio da barbárie. Com efeito, só mesmo bárbaros eram capazes de rejuvenescer um mundo senil, padecente de uma civilização moribunda. E o estágio superior da barbárie, para o qual se elevaram e no qual viveram os germanos antes da migração dos povos, foi precisamente o mais favorável para tal processo. Isso explica tudo.

## IX. BARBÁRIE E CIVILIZAÇÃO

Seguimos aqui o curso da dissolução da *gens* nos três grandes exemplos particulares dos gregos, dos romanos e dos germanos. Para concluir, investiguemos as condições econômicas gerais que, no estágio superior da barbárie, já minavam a organização gentílica da sociedade e a fizeram desaparecer, com a entrada em cena da civilização. *O capital* de Marx nos será tão necessário quanto o livro de Morgan.

Nascida a *gens* no estágio intermediário e aperfeiçoada no estágio superior do estado selvagem, segundo nos permitem julgar as fontes de que dispomos, ela alcançou sua época mais florescente no estágio inferior da barbárie. Portanto, esse grau de evolução é o que tomaremos como ponto de partida.

Nele, onde os peles-vermelhas da América do Norte devem nos servir como exemplo, encontramos completamente desenvolvida a constituição gentílica. Uma tribo se divide em várias *gentes*; o mais das vezes, em duas;[54] ao aumentar a população, cada uma dessas *gentes* originais se segmenta em várias *gentes*-filhas, para as quais a *gens*-mãe aparece como fratria; a própria tribo se subdivide em várias tribos, onde encontramos, na maioria dos casos, as antigas *gentes*; uma confederação, ao menos em certas ocasiões, vem unir as tribos aparentadas. Essa simples organização responde por completo às condições sociais que as engendraram. Não passa de um agrupamento espontâneo; é apta para resolver todos os conflitos que podem nascer no seio de uma sociedade assim organizada. Os conflitos exteriores, resolve-os a guerra, que pode aniquilar a tribo, mas jamais subjugá-la. A grandeza da constituição gentílica, mas também sua limitação, está em que nela não há lugar para a dominação nem

---

54. Na edição de 1884, falta "o mais das vezes, em duas". (N.E.O.)

para a servidão. No interior, ainda não existe diferença entre direitos e deveres; para o indígena, não existe o problema de saber se é um direito ou um dever tomar parte nos assuntos públicos, recorrer a uma vingança de sangue ou aceitar uma compensação; isso lhe pareceria tão absurdo quanto se perguntar se comer, dormir ou caçar seria um dever ou um direito. Tampouco pode haver ali divisão da tribo ou da *gens* em classes distintas. E isso nos conduz ao exame da base econômica dessa ordem de coisas.

A população encontra-se extremamente dispersa, densificando-se apenas no local de residência da tribo, em torno do qual se estende em vasto círculo o território para a caça; logo vem a zona neutra da floresta protetora, que a separa de outras tribos. A divisão do trabalho é absolutamente espontânea: só existe entre os dois sexos. O homem vai à guerra, dedica-se à caça e à pesca, procura as matérias-primas para o alimento e produz os objetos necessários para esse propósito. A mulher cuida da casa, prepara a comida e o vestuário; cozinha, tece e costura. Cada qual comanda o seu domínio: o homem na mata, a mulher na casa. Cada um é proprietário dos instrumentos que elabora e utiliza: o homem, de suas armas, de seus apetrechos de caça e pesca; a mulher, de seus utensílios caseiros. A economia doméstica é comunista, comum para várias e, não raro, para muitas famílias.[55] O que se faz e se utiliza em comum é de propriedade comum: a casa, a horta, a canoa. Aqui, e somente aqui, é onde existe realmente "a propriedade fruto do trabalho pessoal" que os juristas e economistas atribuem à sociedade civilizada e que é o último subterfúgio jurídico no qual se apoia a propriedade capitalista atual.

Porém, não foi em toda parte que as pessoas se detiveram nesse estágio. Na Ásia, encontraram animais que se deixaram domesticar e depois criar. Antes, tinha-se de recorrer à caça para se apoderar da búfala selvagem; agora, domesticada, essa fêmea fornece a cada ano

---

55. Em especial, para a costa noroeste da América, ver Bancroft. Entre os haidas das Ilhas da Rainha Carlota havia economias domésticas de até setecentas pessoas sob um teto. Entre os nootkas, tribos inteiras viviam sob um mesmo teto. (N.A.)

um terneiro e, ademais, o leite. Certas tribos mais avançadas — os arianos, os semitas e, talvez, os turânios — fizeram da domesticação e, depois, da criação e manutenção do gado sua principal ocupação. As tribos de pastores se destacaram do restante da massa dos bárbaros: *primeira grande divisão social do trabalho*. As tribos pastoris não apenas produziram mais, como também produziram víveres diferentes dos víveres dos demais bárbaros. Tinham sobre eles a vantagem de possuir mais leite, derivados do leite e carne; além disso, dispunham do couro, da lã, do pelo de cabra, de fios e tecidos cuja quantidade aumentava com a massa das matérias-primas. Assim foi possível, pela primeira vez, estabelecer um intercâmbio regular de produtos. Nos estágios anteriores, podiam se dar apenas trocas ocasionais; uma particular habilidade na fabricação das armas e dos instrumentos pôde produzir uma divisão transitória do trabalho. Assim, em muitos lugares foram encontrados vestígios inequívocos de oficinas de ferramentas de pedra, procedentes dos últimos tempos da Idade da Pedra. Os artífices que nelas exercitaram sua habilidade devem ter trabalhado por conta da coletividade, como ainda o fazem os artesãos nas comunidades gentílicas da Índia. Em todo caso, nesse estágio do desenvolvimento, só podia haver trocas no seio da mesma tribo, e mesmo essa troca era de caráter excepcional. Mas, uma vez que as tribos pastoris se separavam do restante dos selvagens, encontramos inteiramente formadas as condições necessárias para a troca entre os membros de diferentes tribos e para o desenvolvimento e consolidação da troca como uma instituição regular. No início, a troca se dava entre uma tribo e outra, por mediação dos líderes de cada *gens*; mas, quando os rebanhos começaram, pouco a pouco, a ser propriedade particular,[56] a troca entre indivíduos foi predominando mais e mais, acabando por se converter na forma única. O principal artigo que as tribos de pastores ofereciam em troca para seus vizinhos era o gado; este chegou a ser a mercadoria que valorava todas as demais e que era bem-aceita na troca por outras — numa palavra, o gado

---

56. Na edição de 1884, consta "propriedade privada". (N.E.O.)

desempenhou a função de dinheiro, e como dinheiro serviu assim já naquele estágio. Com essa obrigatoriedade e rapidez, desenvolveu-se, desde o início da troca de mercadorias, a necessidade de uma mercadoria fazer as vezes de dinheiro.

A horticultura, provavelmente desconhecida pelos bárbaros asiáticos do estágio inferior, surgiu entre eles muito mais tarde, no estágio intermediário, como precursora da agricultura. O clima do planalto turaniano não permite a vida pastoril sem provisões de forragem para um longo e rigoroso inverno. Assim, pois, era uma condição ali necessária o cultivo das campinas e a cultura de cereais. O mesmo se pode dizer das estepes situadas ao norte do Mar Negro. Mas se no início o cereal era colhido para o gado, não tardou em chegar a ser alimento também para o homem. A terra cultivada continuou sendo propriedade da tribo e era entregue em usufruto, primeiro à *gens*, depois, às comunidades de famílias e, por último,[57] aos indivíduos. Estes podiam ter certos direitos de posse, porém não mais do que isso.

Entre as conquistas industriais desse estágio há duas importantíssimas. A primeira é o tear, e a segunda, a fundição de minerais e o processamento dos metais. O cobre, o estanho e o bronze, combinação dos dois primeiros, eram, de longe, os mais importantes; o bronze fornecia instrumentos e armas, mas estes não podiam substituir os de pedra. Somente o ferro poderia fazer isso, mas ainda não se sabia como obtê-lo. O ouro e a prata começaram a ser empregados em joias e adornos, e provavelmente alcançaram um valor bem mais elevado que o cobre e o bronze.

Como consequência do desenvolvimento de todos os ramos da produção — pecuária, agricultura, ofícios manuais domésticos —, a força do trabalho do homem ia se tornando capaz de criar mais produtos que os necessários para a sua subsistência. Também aumentou o volume de trabalho que cabia diariamente a cada membro da *gens*, da comunidade doméstica ou da família isolada. A inclusão de novas

---

57. Na edição de 1884, falta "comunidades de famílias e, por último, aos indivíduos". (N.E.O.)

forças de trabalho se tornou conveniente, e a guerra o proporcionou: os prisioneiros foram transformados em escravos. Dado o conjunto das condições históricas de então, a primeira grande divisão social do trabalho, ao se aumentar a produtividade do trabalho e, por conseguinte, a riqueza, e ao se ampliar o campo da atividade produtora, tinha de trazer consigo, necessariamente, a escravidão. Da primeira grande divisão social do trabalho nasceu a primeira grande cisão da sociedade em duas classes: senhores e escravizados, exploradores e explorados.

Nada sabemos até agora sobre quando e como os rebanhos passaram de propriedade comum da tribo ou da *gens* para patrimônio dos diferentes chefes de família. Porém, isso deve ter acontecido em essência nesse estágio. E, com o aparecimento dos rebanhos e das demais riquezas novas, produziu-se uma revolução na família. A subsistência tinha sido sempre assunto do homem; os meios necessários para ela eram produzidos por ele e propriedade dele. Os rebanhos se constituíam nos novos meios de subsistência; sua domesticação, no início, e sua manutenção, depois, eram obra do homem. Por isso o gado lhe pertencia, assim como as mercadorias e os escravizados que eram trocados pelo gado. Todo o excedente que a atividade de subsistência deixava pertencia, agora, ao homem; a mulher participava de seu consumo, mas não tinha nenhuma participação em sua propriedade. O "selvagem" guerreiro e caçador tivera se conformado em ocupar, na casa, o segundo lugar, depois da mulher; o pastor, "mais manso", apoiando-se em sua riqueza, pôs-se em primeiro lugar e relegou ao segundo a mulher. E ela não podia se queixar. A divisão do trabalho na família havia sido a base para distribuir a propriedade entre o homem e a mulher. Essa divisão do trabalho continuava sendo a mesma, mas, agora, transtornava por completo as relações domésticas existentes, pela mesma razão mediante a qual a divisão do trabalho fora da família tinha se modificado. A mesma razão que assegurara à mulher sua anterior supremacia na casa — sua ocupação exclusiva com o trabalho doméstico — garantia, agora, a preponderância do homem dentro de casa: o trabalho doméstico da mulher perdia a sua importância se comparado ao trabalho produtivo do homem; esse trabalho passava a ser tudo; aquele, um acessório insignificante. Isso faz ver já que a emancipação da mulher e sua igualdade com relação ao homem são e continuarão a ser impossíveis enquanto se mantiver aquela excluída do trabalho produtivo social e confinada ao trabalho doméstico, que é um trabalho privado. A emancipação da mulher só se fará possível quando ela puder participar em grande escala, em escala social, na produção e quando o trabalho doméstico vier a lhe ocupar um tempo apenas insignificante. Essa condição só pode se realizar com a grande indústria moderna, que não apenas permite o trabalho da mulher em grande escala como, de fato, o exige, e tende cada vez mais a transformar o trabalho doméstico privado numa indústria pública.

A supremacia efetiva do homem dentro da casa tinha feito cair a última barreira imposta à sua autocracia. Essa autocracia foi consolidada e eternizada pela queda do direito materno, pela introdução do direito paterno, pela passagem gradual do casamento do par à monogamia. Mas isso causou uma fissura também na ordem antiga da *gens*: a família particular converteu-se em potência e se alçou, de forma ameaçadora, diante da *gens*.

A etapa seguinte nos conduz, de imediato, ao estágio superior da barbárie, período em que todos os povos civilizados atravessam sua era heroica: a idade da espada de ferro, mas também do arado e do machado de ferro. Ao pôr esse metal a seu serviço, o homem se fez dono da última e mais importante das matérias-primas que representaram na história um papel revolucionário — a última sem contar a batata. O ferro tornou possível a agricultura em grandes áreas, a derrubada de extensas áreas de mata; deu ao artesão um instrumento de uma dureza e de um corte a que nenhuma pedra nem nenhum outro metal entre os conhecidos seria capaz de resistir. Tudo isso foi acontecendo pouco a pouco; o primeiro ferro era ainda mais macio que o bronze. Por isso a arma de pedra foi desaparecendo lentamente; não apenas na *Canção de Hildebrando*, mas também na batalha de Hastings,[CVI] em 1066, ainda aparecem no combate os machados de pedra. Ocorre que o progresso era incontornável, menos intermitente e mais rápido. A cidade, encerrando em seu recinto de muralhas, torres e ameias de pedra, casas também de pedra ou de tijolos, fez-se a residência central da tribo ou da confederação de tribos. Esse foi um progresso considerável na arquitetura, mas também um sinal de perigo crescente e de necessidade de defesa. A riqueza aumentava com rapidez, mas sob a forma de riqueza individual; a arte de tecer, o processamento dos metais e outros ofícios, cada vez mais especializados, proporcionaram uma variedade e uma destreza crescentes à produção; a agricultura começou a proporcionar, além de grãos, legumes e frutas, azeite e vinho, cujo preparo se havia aprendido. Uma atividade tão variada não podia ser realizada por um único indivíduo, e então se deu a *segunda grande divisão do trabalho*: a manufatura se separou da agricultura. O constante crescimento da produção, e com ela da produtividade do trabalho, aumentou o valor da força de trabalho do homem; a escravidão, ainda em estado nascente e esporádico no estágio anterior, converteu-se num elemento essencial do sistema social. Os escravizados deixam de ser simples auxiliares e são levados às dúzias para o trabalho no campo ou na oficina. Ao dividir-se a produção em dois ramos principais — a agricultura e os ofícios manuais —, nascia a produção direta para as trocas, a produção mercantil e, com ela, o comércio, não apenas no interior e nas fronteiras da tribo, mas também por mar. Porém, isso tudo era ainda muito incipiente. Os metais preciosos começavam a se tornar, de modo predominante e universal, mercadorias-dinheiro, mas ainda sem cunhagem, sendo trocados tão somente por seu peso.

A diferença entre ricos e pobres se somou à existente entre livres e escravizados — da nova divisão do trabalho resultou uma nova cisão da sociedade em classes. A desproporção de bens dos chefes de família individuais destruiu as antigas comunidades comunistas domésticas em toda parte onde estas se tinham mantido; com isso se pôs fim ao trabalho em comum da terra para o custeio dessas comunidades. O solo cultivável se distribuiu entre as famílias particulares, a princípio de forma temporal e, mais tarde, para sempre; a transição para a propriedade privada completa se realizou pouco a pouco, paralelamente à passagem do casamento do par à monogamia. A família individual começou a se converter na unidade econômica da sociedade.

A crescente densidade populacional demandou laços mais estreitos tanto interna quanto externamente. A confederação de tribos consanguíneas chegou a ser, em toda parte, uma necessidade, como o foi a sua fusão e a reunião dos territórios das distintas tribos num único território comum do povo. O chefe militar do povo — *rex, basileus, thiudans* — chegou a ser um funcionário indispensável e permanente. A assembleia do povo foi criada ali onde ainda não existia. O chefe militar, o conselho e a assembleia do povo constituíam os órgãos da democracia militar saída da sociedade gentílica. E essa democracia era militar porque a guerra e a organização para a guerra constituíam já funções regulares da vida do povo. A riqueza dos vizinhos atiçava a cobiça dos povos, para os quais a aquisição de riquezas aparecia como um dos primeiros fins da vida. Eram bárbaros: o saque lhes parecia mais fácil e até mais honroso do que o trabalho produtivo. A guerra, anteriormente travada somente para vingar a agressão ou com a finalidade de estender um território que chegara a ser insuficiente, travava-se agora sem outro propósito que não o saque, e se converteu num ramo fixo de subsistência. Não é sem razão que os muros ameaçadores vigiam o entorno das novas cidades fortificadas: os fossos eram a tumba da *gens*, e suas torres alçavam-se já à civilização. No interior das cidades se deu a mesma coisa. As guerras de rapina aumentavam o poder do supremo comandante de tropas, como dos subcomandantes; a eleição habitual de seus sucessores na mesma família, sobretudo a partir do momento em que se introduziu o direito paterno, pouco a pouco se converteu em sucessão hereditária, tolerada, a princípio, reivindicada, na sequência, e, por fim, usurpada; assim se lançava a base da monarquia e da nobreza hereditárias. A partir daí, os organismos da constituição gentílica foram gradativamente rompendo com as raízes que tinham no povo, na *gens*, na fratria e na tribo, e, com isso, toda a constituição gentílica se transformou em seu contrário: de uma organização de tribos para a livre regulação de seus próprios assuntos, converteu-se numa organização para saquear seus vizinhos e oprimi-los; de modo correspondente, seus organismos deixaram de ser instrumento da vontade do povo e se converteram em organismos independentes para dominar e oprimir o próprio povo. Isso jamais seria possível se a avidez por riquezas não tivesse dividido os membros da *gens* em ricos e pobres, "se a diferença de propriedade no seio de uma mesma *gens* não tivesse transformado a comunidade de interesses em antagonismo entre os membros da *gens*" (Marx) e se a extensão da escravidão não tivesse começado a fazer com que o trabalho para se ganhar a vida passasse a ser considerado atividade digna de escravizados e tida por mais infame do que a rapina.

Chegamos, assim, ao limiar da civilização, que se inicia com um novo avanço na divisão do trabalho. No estágio mais inferior, os homens produziam apenas diretamente para satisfazer a suas próprias necessidades; os poucos atos de troca que eventualmente se davam eram isolados e tinham por objeto somente os excedentes obtidos por casualidade. No estágio intermediário da barbárie, encontramos nos povos pastores já uma propriedade em forma de gado, que, sendo os rebanhos suficientemente grandes, fornece com regularidade um excedente sobre o consumo próprio; ao mesmo tempo, encontramos uma divisão do trabalho entre os povos pastores e as tribos atrasadas, sem rebanhos, e, com isso, tem-se dois graus de produção diferentes um junto a outro e, assim sendo, as condições para trocas regulares. O estágio superior da barbárie introduz uma divisão ainda maior do trabalho: entre a agricultura e os ofícios manuais, daí a produção cada vez maior de objetos fabricados diretamente para as trocas e daí a elevação das trocas entre produtores individuais à categoria de necessidade vital da sociedade. A civilização consolida e aumenta todas essas divisões do trabalho já existentes, em especial acentuando o contraste entre a cidade e o campo (o que permite à cidade dominar economicamente o campo, como na Antiguidade, ou o campo dominar economicamente a cidade, como na Idade Média), e acrescenta uma terceira divisão do trabalho, que lhe é própria e de capital importância: ela cria uma classe que não se ocupa da produção, e, sim, unicamente com as trocas dos produtos — os *comerciantes*. Até aqui, só a produção havia determinado os processos de formação de classes novas; as pessoas que tomavam parte nela se dividiam em diretores e executores ou em produtores em grande e pequena escala. Agora aparece, pela primeira vez, uma classe que, sem tomar a menor parte na produção, sabe dela conquistar a liderança e submeter economicamente os produtores; uma classe que se converte no intermediário indispensável entre os dois produtores e explora ambos. Sob o pretexto de desembaraçar os produtores do esforço e dos riscos das trocas, de estender a saída dos produtos até os mercados longínquos e chegar a ser, assim, a classe mais útil da população, forma-se uma classe de parasitas, uma classe de verdadeiros animais que vivem à custa de outros e que, como compensação por serviços em realidade de bem pouca expressão, ficam com a nata da produção pátria e estrangeira, a acumular rapidamente riquezas enormes e a adquirir a influência social correspondente; por isso mesmo, durante o período da civilização, essa classe passa a ocupar posição de cada vez maiores honrarias e a exercer um domínio cada vez maior sobre a produção, até que acaba por dar à luz um produto próprio — as crises comerciais periódicas.

No estágio de desenvolvimento em questão, a nascente classe dos comerciantes ainda não suspeitava dos grandes feitos a que estava destinada. Mas ela se formou e se tornou indispensável, e isso bastou. Com ela tomou forma o *dinheiro em metal*, a moeda cunhada, novo meio para que o não produtor dominasse o produtor e sua produção. Havia sido descoberta a mercadoria das mercadorias, a que contém todas as outras em estado de latência, o meio mágico que pode se transformar a seu bel-prazer em todas as coisas desejáveis e desejadas. Quem a possuía era dono do mundo da produção; e quem a possuía antes do que todos? O comerciante. Em suas mãos, o culto ao dinheiro estava seguro. O comerciante tratou de evidenciar que todas as mercadorias, e, com elas, todos os seus produtores, deviam lançar-se ao pó em adoração ao dinheiro. Provou de maneira prática que todas as demais formas de riqueza não eram senão mera aparência de riqueza, diante dessa encarnação da riqueza como tal. De lá para cá, jamais se manifestou o poder do dinheiro com tamanha crueza, com semelhante violência primitiva, como naquele período de sua juventude. Depois da compra de mercadorias por dinheiro, vieram os empréstimos, e, com eles, o juro e a usura. Nenhuma legislação posterior lança o devedor de maneira tão impiedosa e irremissível aos pés do credor usurário como o faziam as leis da antiga Atenas e da antiga Roma — e, em ambos os casos, essas leis nasceram espontaneamente, sob a forma de direito consuetudinário, sem outra compulsão que não a econômica.

Juntamente com a riqueza em mercadorias e em escravos, juntamente com a fortuna em dinheiro, apareceu também a riqueza em bens fundiários. O direito de posse sobre as parcelas do solo, concedido originalmente aos indivíduos pela *gens* ou pela tribo, consolidou-se de tal maneira que essas parcelas passaram a lhes pertencer como bens hereditários. A aspiração de todos, nos últimos tempos, era a de se verem livres dos direitos que tinham sobre essas parcelas da comunidade gentílica, que haviam se convertido em uma amarra. Essa amarra desapareceu — mas, em pouco tempo, desaparecia também a nova propriedade fundiária. A propriedade plena e livre do solo não significava apenas a faculdade de possuí-lo integralmente, sem restrição alguma, mas também queria dizer a possibilidade de aliená-lo. Essa possibilidade não existia enquanto o solo tinha sido propriedade da *gens*. Mas, quando o novo proprietário suprimiu de maneira definitiva a amarra imposta pela propriedade suprema da *gens* e da tribo, rompeu, também, o vínculo que até então o unia indissoluvelmente ao solo. O que isso significava foi tornado claro pelo dinheiro, inventado ao mesmo tempo que a propriedade privada. O solo podia agora se converter numa mercadoria passível de ser vendida ou penhorada. Tão logo se introduziu a propriedade privada da terra, inventou-se também a hipoteca (veja-se Atenas). Assim como o heterismo e a prostituição se aferram aos calcanhares da monogamia, de igual modo, a partir deste momento, a hipoteca se aferra aos calcanhares da propriedade imóvel. Não querias ter a propriedade fundiária completa, livre, venal? Pois bem, agora a tens — *tu l'as voulu, George Dandin!*[58]

Assim, junto à extensão do comércio, junto ao dinheiro e à usura, junto à propriedade territorial e à hipoteca, avançaram rapidamente a concentração e a centralização da riqueza nas mãos de uma classe pouco numerosa, o que foi acompanhado pelo empobrecimento das massas e de uma massa crescente de pobres. A nova aristocracia de riqueza, que não se confundia com a velha nobreza tribal, acabou por relegar essa nobreza tribal a segundo plano (em Atenas, em Roma, entre os germanos). E, juntamente com essa divisão dos homens livres em classes segundo seus bens, produziu-se, sobretudo na Grécia, um enorme aumento no número de escravizados,[59] cujo trabalho forçado constituiu o fundamento sobre o qual se alça a superestrutura da sociedade como um todo.

Vejamos agora qual foi a sorte da constituição gentílica no curso dessa revolução social. Em relação aos novos elementos, que surgiram sem a sua contribuição, ela se mostrou impotente. Sua primeira condição de existência era a de que os membros de uma *gens* ou de uma tribo estivessem reunidos no mesmo território e habitassem nele exclusivamente. Havia muito já não se tinha isso. Em toda parte, estavam misturadas gentes e tribos; em toda parte, escravizados, clientes e estrangeiros viviam entre os cidadãos. A vida sedentária, alcançada somente no final do estágio intermediário da barbárie, via-se alterada diversas vezes pela mobilidade e pelas mudanças de residência devidas ao comércio, às mudanças de ocupação e na posse da terra. Os membros dos organismos gentílicos já não podiam se reunir para resolver seus próprios assuntos comuns; a *gens* só se ocupava de coisas de menor importância, como festas religiosas, e mesmo isso a duras penas. Juntamente com as necessidades e os interesses de cuja preservação o organismo gentílico fora encarregado e

---

58. *Tu bem a quiseste, George Dandin!* Referência feita ao *George Dandin, ou le mari confondu*, de Molière, ato I, cena 9. (N.E.O.)[CVII]
59. À época áurea de Corinto, esse número era de 460 mil escravizados, e, em Egina, 470 mil. Nos dois casos, o número era dez vezes maior do que o da população de cidadãos livres. (N.E.O.)

capacitado, surgiram novas necessidades e novos interesses, que não apenas eram estranhos, mas, em todos os sentidos, opostos à antiga ordem gentílica. Os interesses dos grupos de artesãos nascidos da divisão do trabalho, as necessidades particulares da cidade, opostas às do campo, exigiam organismos novos; mas cada um desses grupos se compunha de pessoas pertencentes a *gens*, fratrias e tribos as mais diversas, e até de estrangeiros. Esses organismos tinham, pois, de formar-se necessariamente fora da constituição gentílica, à parte dela, e, portanto, contra ela — e em cada corporação gentílica, por sua vez, se deixava de sentir esse conflito de interesses, que alcançava seu ponto culminante na reunião de pobres e ricos, de usurários e devedores, dentro da mesma *gens* e da mesma tribo. A isso se acrescentava a massa da nova população estranha às cooperativas gentílicas, a qual, como sucedeu em Roma, podia se tornar uma potência na terra, ao mesmo tempo que era por demais numerosa para ser absorvida gradualmente nas estirpes e tribos consanguíneas. As cooperativas gentílicas figuravam diante dessas massas como corporações cerradas, privilegiadas; a democracia primitiva, espontânea, tinha se transformado numa detestável aristocracia. Numa palavra, a constituição gentílica, fruto de uma sociedade que não conhecia antagonismos interiores, só era mesmo adequada a uma sociedade desse tipo. Não tinha mais meios coercitivos, a não ser a opinião pública. Mas acabava de surgir uma sociedade que, em virtude das condições econômicas gerais de sua existência, teve de se dividir entre homens livres e escravizados, em exploradores ricos e explorados pobres; uma sociedade que não apenas não podia conciliar esses antagonismos, mas, pelo contrário, via-se obrigada a levá-los a seus limites extremos. Uma sociedade desse gênero só podia existir em meio a uma luta aberta e incessante dessas classes entre si ou sob o domínio de um terceiro poder, que, posto aparentemente por cima dessas classes em luta, suprimia seus conflitos abertos e só permitia a luta de classes no terreno econômico, sob a forma assim chamada legal. A constituição gentílica havia caducado. Ela foi destruída pela divisão do trabalho, e o resultado disso foi a divisão da sociedade em classes. Ela foi substituída pelo *Estado*.

\* \* \*

Consideramos aqui, uma a uma, as três formas principais pelas quais o Estado se alçou sobre as ruínas da constituição gentílica. Atenas proporciona dela a forma mais pura, a mais clássica: ali, o Estado nasceu direta e preponderantemente dos antagonismos de classe, que se desenvolveram no seio mesmo da sociedade gentílica. Em Roma, a sociedade gentílica se converteu em uma aristocracia fechada em meio a uma plebe numerosa e mantida à parte, sem direitos, mas com deveres; a vitória da plebe destruiu a antiga constituição da *gens* e instituiu sobre suas ruínas o Estado, no qual não tardaram a se confundir a aristocracia gentílica e a plebe. Por último, entre os germanos que se sagraram vencedores sobre o Império Romano, o Estado surgiu diretamente da conquista de vastos territórios estrangeiros, estes que o regime gentílico não tinha meios para dominar. Mas, uma vez que a essa conquista não estava associada uma luta séria com a antiga população, nem uma divisão mais avançada do trabalho, uma vez que o grau de desenvolvimento dos vencidos e dos vencedores era quase o mesmo, e, por conseguinte, subsistia a antiga base econômica da sociedade, a constituição gentílica pôde subsistir por longos séculos, sob uma forma modificada, territorial, como constituição da marca, e mesmo rejuvenescer durante certo tempo, sob forma atenuada, em linhagens nobres e patrícias posteriores, e até em linhagens camponesas, como em Dithmarschen.[60]

Assim, pois, o Estado não é, de modo algum, um poder imposto de fora à sociedade, tampouco é a "efetividade da ideia moral", nem é "a imagem e efetividade da razão", como afirmou Hegel.[CIX] É mais um produto da sociedade quando ela chega a um grau de desenvolvimento determinado; é a confissão de que essa sociedade se enredou numa irremediável contradição consigo mesma e está dividida por antagonismos irreconciliáveis, os quais ela é impotente para resolver.

---

60. O primeiro historiador a ter uma noção ao menos aproximada da essência da *gens* foi Niebuhr, e isso em razão de ele conhecer pessoalmente as linhagens do Dithmarschen — mas a isso se devem também os equívocos que ele acabou por transmitir sem mais.[CVIII] (N.A.)

Ocorre que, para resolver esses antagonismos, para que essas classes com interesses econômicos em oposição não se devorem a si mesmas e não consumam a sociedade numa luta estéril, faz-se necessário um poder situado aparentemente por cima da sociedade e chamado para amortecer o conflito, para manter essa sociedade nos limites da "ordem". E esse poder, que é oriundo da sociedade, mas se põe acima dela e se divorcia dela mais e mais, é o Estado.

Diante da antiga organização gentílica, o Estado se caracteriza, em primeiro lugar, pela subdivisão de seus súditos *segundo o território*. As antigas associações gentílicas, constituídas e sustentadas por vínculos de sangue, tinham chegado a ser, segundo o temos visto, insuficientes em grande parte porque supunham a união dos associados a um território determinado, e isso tinha cessado já havia um bom tempo. O território não tinha se movido, mas os homens, sim. Tomou-se como ponto de partida a divisão territorial e deixou-se aos cidadãos que exercessem seus direitos e deveres sociais onde tinham se estabelecido, independentemente da *gens* e da tribo. Essa organização dos súditos do Estado conforme o território é comum a todos os Estados. Por isso ela nos parece natural; mas vimos quão duras e prolongadas lutas foram necessárias até que, em Atenas e em Roma, ela conseguisse substituir a antiga organização gentílica.

O segundo traço característico é a instalação de um *poder público*, que não mais coincide imediatamente com o povo organizado como força armada. Esse poder público especial é necessário porque, desde a divisão da sociedade em classes, fazia-se impossível uma organização armada espontânea da população. Os escravizados também faziam parte da população; os 90 mil cidadãos atenienses constituíam uma classe privilegiada diante dos 365 mil escravizados. O exército popular da democracia ateniense era um poder público aristocrático contra os escravizados, a quem mantinham sob controle. Mas, para manter também os cidadãos sob controle, foi necessária uma gendarmaria, como narramos acima. Esse poder público existia em todo Estado; não se constitui somente de homens armados, mas também de penduricalhos materiais, prisões e instituições coercitivas de todo tipo, os quais a sociedade gentílica não conhecia. A gendarmaria pode ser bem pouco importante, ou até quase nula, nas sociedades com antagonismos de classe ainda não desenvolvidos e em regiões remotas, como sucedeu em certos lugares e épocas nos Estados Unidos da América. Mas fortalece-se à medida que os antagonismos de classe se exercem dentro do Estado e à medida que se tornam maiores e mais povoados os Estados que fazem fronteira entre si — basta olhar para a Europa de hoje, onde a luta de classes e a rivalidade nas conquistas fez crescer a força pública a ponto de ameaçar devorar a sociedade inteira e mesmo o próprio Estado.

Para manter de pé essa força pública, são necessárias contribuições por parte dos cidadãos do Estado: os *impostos*. Na sociedade gentílica, eles eram de todo desconhecidos. Nós hoje, porém, podemos falar bastante a respeito deles. E, com os progressos da civilização, até mesmo os impostos já não são suficientes: o Estado emite letras de câmbio futuras, faz empréstimos, contrai *dívidas públicas*. Também disso a velha Europa tem experiência e pode algo dizer.

De posse do poder público e do direito de cobrar impostos, os funcionários, como órgãos da sociedade, aparecem agora situados *acima* dela. O respeito que livre e voluntariamente se tributava aos órgãos da constituição gentílica já não lhes basta, mesmo quando o podem obter; veículos de um poder que se tornou estranho à sociedade, necessitavam fazer-se respeitar por meio das leis de exceção, por força das quais gozam de uma aura e uma imunidade particulares. O mais desprezível policial do Estado civilizado tem mais "autoridade" do que todos os órgãos da sociedade gentílica tomados em conjunto; mas o príncipe mais poderoso e o maior dos homens públicos ou general da civilização pode invejar, do mais modesto chefe gentílico, o respeito espontâneo e universal que a ele se professava. Um se põe no meio da sociedade; o outro se vê forçado a pretender representar algo que está fora e acima dela.

Uma vez que o Estado nasceu da necessidade de refrear os antagonismos de classe, e como, ao mesmo tempo, ele nasceu em meio ao conflito dessas classes, o Estado é, por regra geral, o Estado da classe mais poderosa, a classe economicamente dominante que, com a ajuda dele, converte-se na classe também politicamente mais dominante, adquirindo novos meios para a repressão e exploração da classe oprimida. Assim, o Estado antigo era, antes de tudo, o Estado dos escravagistas para manter submetidos os escravizados; o Estado feudal era o órgão de que se valia a nobreza para manter submetidos os camponeses servos, e o moderno Estado representativo é o instrumento de que se serve o capital para explorar o trabalho assalariado. No entanto, por exceção, há períodos em que as classes em luta se encontram tão equilibradas que o poder do Estado, como mediador aparente, adquire certa independência momentânea com relação a uma e outra. Assim foi com a monarquia absoluta dos séculos XVII e XVIII, que mantinha em equilíbrio a nobreza e a burguesia; foi assim com o bonapartismo do primeiro Império Francês e, sobretudo, do segundo, valendo-se dos proletários contra a burguesia e desta contra aqueles. O caso mais recente dessa espécie, em que dominadores e dominados parecem igualmente ridículos, é o novo Império Alemão da nação bismarckiana: aqui se contrapesam capitalistas e trabalhadores uns contra os outros, e se lhes extrai o jugo sem distinção em proveito dos *Junkers* prussianos degenerados.

Além disso, na maior parte dos Estados históricos, os direitos concedidos aos cidadãos são escalonados de acordo com as posses, e, com isso, declara-se expressamente que o Estado é um organismo destinado a proteger a classe que possui contra a classe despossuída. Assim se deu já em Atenas e em Roma, com suas classes possuidoras. O mesmo se dá no Estado feudal da Idade Média, no qual o poder político se distribuiu segundo a propriedade territorial. E assim observamos no censo eleitoral dos Estados representativos modernos. Esse reconhecimento político da diferença de posses não tem nada de essencial. Pelo contrário, denota um grau inferior no desenvolvimento do Estado. A forma mais elevada do Estado, a república democrática, que em nossas condições sociais modernas vai se fazendo uma necessidade cada vez mais incontornável, e que é a única forma de Estado sob a qual pode se dar a batalha última e definitiva entre o proletariado e a burguesia, não reconhece oficialmente diferenças de posses. Nela, a riqueza exerce seu poder por via indireta, mas de modo mais seguro. Por um lado, sob a forma de corrupção direta dos funcionários, da qual a América é um modelo clássico, e, por outro, sob a forma de aliança entre o governo e a Bolsa de Valores. Essa aliança se consuma tão mais facilmente quanto mais crescem as dívidas do Estado e mais as sociedades por ações vão concentrando em suas mãos não apenas o transporte, mas a própria produção, fazendo da Bolsa o ponto médio do Estado. Fora da América, a nova República francesa é um patente exemplo disso, e a pacata Suíça já deu sua contribuição nesse campo. Ora, que a república democrática não é imprescindível para essa união fraterna entre a Bolsa e o governo prova-o, além da Inglaterra, o novo Império Alemão, onde não se pode dizer quem foi alçado mais alto pelo sufrágio universal, se Bismarck ou Bleichröder. E, por último, a classe possuidora impera de modo direto por meio do sufrágio universal. Enquanto a classe oprimida — em nosso caso, o proletariado — não está madura para se libertar de si própria, por maioria ela reconhece a ordem social de hoje como a única possível, e politicamente se faz caudatária da classe capitalista, sua ala de extrema esquerda. Mas, à medida que vai amadurecendo para emancipar-se dela, constitui-se como um partido independente, elege seus próprios representantes, e não os dos capitalistas. O sufrágio universal é, nessa medida, o termômetro de maturidade da classe trabalhadora. Mais além disso ele não pode chegar, nem nunca chegará, no Estado atual, mas já é o bastante. No dia em que o termômetro do sufrágio universal marcar o ponto de ebulição para os trabalhadores, eles saberão, tanto quanto os capitalistas, da situação em que se encontram.

Portanto, o Estado não existiu desde a eternidade. Houve sociedades que viveram muito bem sem ter a menor ideia do Estado e de seu poder. Ao chegar a certa fase do desenvolvimento econômico que estava ligada necessariamente à divisão da sociedade em classes, essa divisão fez do Estado uma necessidade. Agora, nos aproximamos com rapidez de uma fase de desenvolvimento da produção em que a existência dessas classes não apenas deixa de ser uma necessidade, como se converte num obstáculo direto à produção. As classes desaparecerão de um modo tão inevitável quanto surgiram um dia. Com o seu desaparecimento, desaparecerá inevitavelmente o Estado. A sociedade, a reorganizar de um modo novo a produção sobre a base de uma associação livre de produtores iguais, enviará a inteira máquina do Estado para o lugar a que ela pertence: o museu de antiguidades, junto à roda de fiar e ao machado de bronze.

A civilização é, pelo que foi exposto, o grau de desenvolvimento da sociedade em que a divisão do trabalho, a troca entre indivíduos que dela deriva e a produção de mercadorias, que a ambas abarca, alcançam seu pleno desenvolvimento e ocasionam uma revolução em toda a sociedade anterior.

Em todos os estados anteriores da sociedade, a produção era essencialmente coletiva, como também o consumo era efetuado sob um regime de divisão direta dos produtos, no seio de coletividades comunistas maiores ou menores. Essa produção coletiva se realizava dentro dos mais estreitos limites, mas implicava que os produtores tivessem o domínio sobre o processo da produção e sobre o seu produto. Eles sabiam o que era feito do produto: consumiam-no, o produto não saía de suas mãos. E, enquanto a produção se efetuou sobre essa base, ela não pôde levantar a cabeça acima dos produtores nem fazer gerar poderes estranhos, como se dá de modo regular e inevitável na civilização.

Porém, nesse processo de produção introduziu-se lentamente a divisão do trabalho. Ela solapou a comunidade de produção e de apropriação, erigiu como regra predominante a apropriação individual, e, desse modo, criou as trocas entre os indivíduos — examinamos acima o modo como isso se deu. Pouco a pouco, a produção de mercadorias se tornou a forma dominante.

Com a produção de mercadorias, a produção não mais para o próprio consumo, mas para as trocas, os produtos necessariamente trocam de mãos. O produtor se separa de seu produto ao trocá-lo, e já não sabe o que se faz dele. Assim que o dinheiro — e, com o dinheiro, o comerciante — intervém como intermediário entre os produtores, complica-se mais o sistema de câmbio e se torna ainda mais incerto o destino final dos produtos. Os comerciantes são muitos, e nenhum deles sabe o que fazem os demais. Agora, as mercadorias não apenas passam de mão em mão, mas também de mercado em mercado; os produtores deixaram de ser donos da produção total das condições de sua própria vida, e os comerciantes não chegaram a sê-lo. Produtos e produção estão entregues ao acaso.

Mas o acaso é apenas um dos polos de uma interdependência; o seu outro polo se chama necessidade. Na natureza, na qual também parece dominar o acaso, faz muito tempo que temos demonstrado, em cada âmbito particular, a necessidade imanente e as leis internas que se impõem nesse acaso. E o que vale para a natureza vale também para a sociedade. Quanto mais escapa do controle consciente do homem e alça a cabeça sobre ele uma atividade social, uma série de processos sociais, quanto mais abandonada parece essa atividade ao puro acaso, tanto mais as leis próprias, imanentes, desse acaso vêm se manifestar como uma necessidade natural. Leis análogas regem as casualidades da produção de mercadorias e da troca de mercadorias; diante do produtor e do comerciante isolados, elas surgem como fatores estranhos e desconhecidos, cuja natureza é preciso investigar e sondar com extrema meticulosidade. Essas leis econômicas da produção de mercadorias se modificam segundo os diversos graus de desenvolvimento dessa forma de produção; mas, de modo geral, todo o período da civilização está regido por elas. E, ainda hoje, o produto domina o produtor, e toda a produção encontra-se ainda regulada, não conforme um plano elaborado em comum, mas por leis cegas que se impõem com a violência dos elementos, em última instância, nas tempestades das crises comerciais periódicas.

Vimos acima que, no estágio bastante inicial do desenvolvimento da produção, a força de trabalho do homem se torna capaz de fornecer produtos em quantidade maior do que exige o sustento dos produtores, e vimos como esse estágio de desenvolvimento é, no essencial, o mesmo do qual nascem a divisão do trabalho e as trocas entre indivíduos. Não tardou muito em se descobrir a grande "verdade" de que o homem podia servir de mercadoria, de que a força do homem[61] podia chegar a ser objeto de troca e de consumo, mediante a transformação do homem em um escravo. Apenas começaram os homens a praticar as trocas, e eles próprios se viram trocados. O ativo converteu-se em passivo, independentemente da vontade dos homens.

Com a escravidão, que alcançou seu desenvolvimento máximo sob a civilização, realizou-se a primeira grande cisão da sociedade em uma classe exploradora e uma classe explorada. Essa cisão se sustentou durante todo o período da civilização. A escravidão é a primeira forma da exploração, a forma própria do mundo antigo; sucedem-lhe a servidão na Idade Média, o trabalho assalariado nos tempos modernos. Essas são as três grandes formas de escravização que caracterizam as três grandes épocas da civilização; ela é franca e aberta no início, mais ou menos disfarçada depois.

O estágio de produção de mercadorias, com o qual se inicia a civilização, distingue-se, do ponto de vista econômico, pela introdução: 1) do dinheiro de metal e, com ele, do capital em dinheiro, do juro e da usura; 2) dos comerciantes como classe mediadora entre produtores; 3) da propriedade fundiária privada e da hipoteca e 4) do trabalho escravo como forma de produção dominante. A forma de família que corresponde à civilização e chega à supremacia definitivamente com ela é a monogamia, a supremacia do homem sobre a mulher e da família individual como unidade econômica da sociedade. A força de coesão da sociedade civilizada é o Estado, que, em todos os períodos tomados como padrão, é exclusivamente o Estado da classe dominante e, em todos os casos, uma máquina essencialmente destinada a reprimir a classe oprimida e explorada. Traço característico da civilização é ainda: por um lado, a fixação da oposição entre a cidade e o campo como base de toda a divisão do trabalho social; por outro lado, a introdução dos testamentos, por meio dos quais o proprietário pode dispor de seus bens mesmo depois de sua morte. Essa instituição, que é bem um tapa na cara da antiga constituição gentílica, era desconhecida em Atenas até os

---

61. Na edição de 1884, consta aqui "mão de obra" em vez de "força do homem". (N.E.O.)

tempos de Sólon; foi cedo introduzida em Roma, mas ignoramos em que época.[62] Entre os germanos, implantaram-na os clérigos, para que os limitados germanos desimpedidamente pudessem instituir legados a favor da Igreja.

Com essa constituição básica, a civilização realizou coisas das quais nem remotamente a antiga sociedade gentílica seria capaz. Porém as levou a cabo, pondo em movimento os impulsos e as paixões mais vis dos homens, e à custa de todas as suas outras disposições. A cobiça pura e simples fez-se a força motriz da civilização desde seus primeiros dias até hoje; seu único objetivo, seu objetivo determinante, é a riqueza, de novo a riqueza e sempre a riqueza, mas não a da sociedade, mas, sim, a de tal ou qual miserável indivíduo. Se, nesse processo, lhe caíram no colo o desenvolvimento crescente da ciência e reiterados períodos do mais opulento esplendor da arte, tal só aconteceu porque sem isso não teriam sido possíveis, em toda a sua plenitude, as realizações de acumulação de riquezas de nosso tempo.

Sendo a base da civilização a exploração de uma classe pela outra, seu desenvolvimento se opera numa constante contradição. Cada progresso da produção é, ao mesmo tempo, um retrocesso na situação da classe oprimida, isto é, da imensa maioria. Cada benefício para uns é necessariamente prejuízo para outros; cada grau de emancipação conseguido por uma classe é um novo elemento de opressão para outra. A prova mais contundente disso nos é dada pela introdução da maquinaria, cujos efeitos são hoje conhecidos do mundo inteiro. E se, como vimos, entre os bárbaros mal se pode estabelecer a diferença entre os direitos e os deveres, a civilização assinala entre eles uma diferença e

---

62. O sistema de direitos adquiridos de Lassalle, em sua segunda parte, gira em torno principalmente da tese de que o testamento romano é tão antigo quanto a própria Roma, que "nunca houve uma época sem testamento" na história romana e que o testamento nasceu do culto aos mortos, muito antes da época romana. Lassalle, como bom velho hegeliano, não deriva as disposições do direito romano das relações sociais dos romanos, mas, sim, do "conceito especulativo" da vontade, e, desse modo, chega a essa afirmação absolutamente a-histórica. Isso não é algo a se estranhar num livro que, em virtude desse mesmo conceito especulativo, chega à conclusão de que, na herança romana, a transmissão dos bens teria sido uma questão puramente secundária. Lassalle não se limita a crer nas ilusões dos juristas romanos, especialmente os dos primeiros tempos; ele vai além delas. (N.A.)

um contraste que saltam à vista até mesmo do homem menos inteligente, no sentido de que a uma classe são atribuídos quase todos os direitos, e à outra, em contrapartida, quase todos os deveres. Mas isso não deve ser. O que é bom para a classe dominante deve ser bom para a inteira sociedade com a qual ela se identifica. Por isso, quanto mais progride a civilização, mais obrigada ela se crê de cobrir com o manto da caridade os estados precários que ela necessariamente engendra, a embelezá-los ou a negá-los. Numa palavra, introduz uma hipocrisia convencional que não conheciam as primitivas formas da sociedade nem os primeiros graus da civilização, e que chega à sua culminância na declaração: a exploração da classe oprimida é exercida pela classe exploradora única e exclusivamente em benefício da classe explorada; e, se esta última não o reconhece e até se mostra rebelde, esta seria a sua mais torpe ingratidão contra seus benfeitores, os membros da classe exploradora.[63]

E, para concluir, veja-se o juízo de Morgan sobre a civilização:

> Desde o advento da civilização, o crescimento da riqueza se fez tão enorme, tão variegadas as suas formas, tão extensa a sua aplicação e tão hábil a sua administração em benefício dos proprietários, que essa riqueza *se constituiu numa força irredutível* oposta ao povo. *O espírito humano se vê perplexo e fascinado diante de sua própria criação.* Não obstante, chegará um tempo em que a razão humana será suficientemente forte para dominar a riqueza, em que fixará as relações do Estado com a propriedade que este protege e os limites dos direitos dos proprietários. Os interesses da sociedade são absolutamente superiores aos interesses individuais, e uns e outros devem se concertar numa relação justa e harmônica. A simples caça à riqueza não é o destino final

---

63. Tive a intenção, de início, de valer-me da brilhante crítica à civilização que se encontra dispersa na obra de Charles Fourier, para expô-la paralelamente à de Morgan e à minha própria. Infelizmente me faltou tempo para isso. Faço notar, de modo puro e simples, que Fourier considerava a monogamia e a propriedade sobre a terra como as instituições mais características da civilização, a que ele chama de uma guerra dos ricos contra os pobres. Também se encontra em Fourier a profunda compreensão de que, em todas as sociedades defeituosas e cindidas em antagonismos, as famílias individuais (*les familles incohérentes*) são unidades econômicas. (N.A.)

da humanidade, caso o progresso se mantenha como a lei do futuro, como o foi para o passado. O tempo transcorrido desde o advento da civilização não é mais que uma fração ínfima da existência passada da humanidade; uma fração ínfima da época ainda por vir. A dissolução da sociedade se ergue ameaçadora diante de nós, como o termo de uma corrida histórica cuja única meta final é a riqueza; pois tal corrida contém os elementos de sua própria aniquilação. Democracia na administração, fraternidade na sociedade, igualdade de direitos, educação universal inaugurarão a próxima etapa superior da sociedade, para a qual tendem incessantemente a experiência, a razão e a ciência. *Será uma revivescência — porém, numa forma mais elevada — da liberdade, da igualdade e da fraternidade das antigas* gentes. (Morgan, *Ancient Society*, p. 552)

# NOTAS DO EDITOR DA QUARTA EDIÇÃO

I. *A origem da família, da propriedade privada e do Estado* é uma das obras fundamentais do marxismo. Este escrito é uma análise científica da história da humanidade nas primeiras etapas de seu desenvolvimento: a análise cobre o processo de colapso da comunidade original e de composição da sociedade de classes assentada na expropriação, mostra os traços característicos mais gerais dessa sociedade e apresenta as peculiaridades do desenvolvimento das relações familiares nas diferentes formações socioeconômicas. Desvela, também, o surgimento e o caráter de classe do Estado e comprova a necessidade histórica de sua morte após o que será a vitória final da sociedade comunista desprovida de classes.

Engels escreveu *A origem da família, da propriedade privada e do Estado* no período que vai do final de março até o final de maio de 1884. O manuscrito foi examinado por Marx, que já havia, entre 1880 e 1881, redigido um conspecto do livro *Ancient Society,* do erudito progressista estadunidense L. H. Morgan, e a esse material Engels teve acesso. No documento, Marx fazia uma série de observações críticas e defendia algumas teses, além de complementar fontes. Depois de tê-lo lido, Engels se convenceu de que a obra de Morgan confirmava a concepção da sociedade materialista elaborada por Marx e por ele próprio, bem como corroborava as visões de ambos, relativas à comunidade original, e achou necessário escrever um trabalho especial acerca dessas questões sob a ampla consideração das observações de Marx, incorporando, também, os diferentes fatos e as conclusões relatados no livro de Morgan. Engels considerava isso, em certa medida, como a consumação de um legado de Marx. Na redação de seu escrito, ele se amparou nos resultados de suas próprias pesquisas referentes à história da Grécia e de Roma, dos antigos germanos, etc. Originalmente, Engels queria difundir seu texto no *Neue Zeit*, jornal sobre teorias jurídicas da social-democracia alemã; mais tarde, acabou desistindo desse plano, ao ponderar que a obra, em razão de seu conteúdo político, não poderia ser publicada ali sem chocar-se contra as leis sobre o socialismo que vigiam na Alemanha. Então, seu livro só veio a aparecer em Zurique, na Suíça, no início de outubro de 1884. Nos primeiros tempos após a publicação, as autoridades alemãs proibiram a sua disseminação; não obstante, as edições imediatamente posteriores (a segunda, de 1886, e a terceira, de 1889), inalteradas, foram levadas a cabo em Stuttgart. Em 1885, a obra foi publicada em polonês, romeno e italiano. Tanto a tradução italiana quanto a dinamarquesa, esta de 1888, foram redigidas pelo próprio Engels. A primeira edição de *A origem da família, da propriedade privada e do Estado* foi traduzida, também, para o sérvio.

Depois que Engels reuniu novo material sobre a história da comunidade primitiva, em 1890 ele deu início aos preparativos para uma nova edição. No transcurso do trabalho, estudou todas as novidades sobre essa questão, em especial as publicações do estudioso russo M. M. Kovalevski. Com base nas novas informações, sobretudo no campo da arqueologia e da etnografia, procedeu a uma série de mudanças e melhorias no texto original e fez acréscimos substanciais, principalmente no capítulo II, "A família". As modificações de maior importância em relação à primeira edição podem ser observadas nas notas de rodapé. As alterações e formulações mais exatas, porém, não dizem respeito às conclusões de Engels, que os novos conhecimentos da ciência só fazem confirmar e que tampouco mais tarde perdem seu significado. O progresso adicional da ciência comprova a correção das teses desenvolvidas por Engels, ainda que falte clareza a muitos detalhes extraídos do livro de Morgan do ponto de vista dos conhecimentos científicos que temos hoje.

A quarta edição, melhorada e complementada, de *A origem da família, da propriedade privada e do Estado* começou a circular em novembro de 1891, em Stuttgart (embora, na folha de rosto, conste 1892); depois disso, a obra não sofreu mais alterações. Engels escreveu para essa edição um novo prefácio, publicado também como artigo independente, sob o título "Da história original da família".

Durante o tempo em que Engels viveu, apareceram ainda duas edições (a quinta, de 1892, e a sexta, de 1894), que foram simplesmente reimpressões da quarta edição. Esta serviu também como base para as primeiras traduções para o francês (1893 — redigida por Laura Lafargue e revisada por Engels), para o búlgaro (1893) e para o espanhol (1894); em língua inglesa, apareceu apenas em 1902. Em língua russa, *A origem da família, da propriedade privada e do Estado* foi publicada pela primeira vez em 1894, em São Petersburgo; a tradução foi feita com base na quarta edição alemã. Era a primeira obra de Engels tornada pública legalmente na Rússia. Mais tarde, a edição se repetiria em diferentes línguas; e sua disseminação ganhou força por todo o mundo após a vitória da grande revolução socialista de outubro.

II. Morgan, *Ancient Society, or Researches in the Lines of Human Progress from Savagery through Barbarism to Civilization* [Sociedade antiga, ou pesquisas nas linhas do progresso humano da selvageria à barbárie e à civilização]. Londres, 1877, p. 19.

III. *Pueblo* — designação de um grupo de tribos indígenas que viviam no Novo México (no que hoje é o sudoeste dos Estados Unidos e o norte do México) e estavam ligadas entre si por uma história e cultura comuns. Essa designação, que deriva do termo espanhol *pueblo* (povo, assentamento, local), lhes foi dada pelos conquistadores espanhóis em razão do caráter peculiar de suas ocupações, cuja forma de castas, com casas encaixadas umas nas outras, fundiam-se num complexo; abrigavam até milhares de pessoas. A designação *pueblo* foi empregada também para as localidades em que se encontravam essas tribos.

IV. *Ilíada* — célebre poema épico do grego antigo, escrito por Homero, o poeta das sagas da Antiguidade.

V. Para o seu trabalho na obra, Engels se utilizou dos seguintes livros de McLennan: *Primitive Marriage. An Inquiry into the Origin of the Form of Capture in Marriage Ceremonies* [Casamento primitivo. Uma investigação sobre a origem da forma de captação em cerimônias de casamento]. Edimburgo, 1865; *Studies in Ancient History Comprising a Reprint of "Primitive Marriage. An Inquiry into the Origin of the Form of Capture in Marriage Ceremonies"* [Estudos em história antiga compreendendo uma reimpressão de "Casamento primitivo. Uma investigação na origem da forma de captação em cerimônias de casamento"]. Londres, 1876. Durante a preparação da quarta edição de *A origem da família* (1892), ele estudou, entre outras, a nova edição do último livro referido de McLennan, que apareceu em Londres e em Nova York em 1886.

VI. Morgan, *op. cit.*, Londres, 1877, p. 435.

VII. Ver Bachofen, *Das Mutterrecht. Eine Untersuchung über die Gynaikokratie der alten Welt nach ihrer religiösen und rechlichen Natur* [O direito materno. Uma investigação sobre a ginecocracia do mundo antigo segundo a sua natureza religiosa e jurídica]. Stuttgart, 1861.

VIII. Giraud-Telon cita essa afirmação de Saussure em seu livro *Les origines du mariage et de la famille* [As origens do casamento e da família]. Genf e Paris, 1884, p. XV.

IX. Letourneau, *L'évolution du mariage et de la famille* [A evolução do casamento e da família]. Paris, 1888, p. 41.

X. Engels cita Espinas segundo o livro de Giraud-Telon, p. 518, num fragmento desse trabalho contido como anexo.

XI. Westermarck, *The History of Human Marriage* [A história do casamento humano]. Londres e Nova York, 1891, p. 70-71.

XII. Esta carta de Marx, que Engels cita em sua carta de 11 de abril de 1884 a Kautsky, não sobreviveu.

XIII. Engels refere-se à trilogia operística de Wagner, *O anel do nibelungo*, que o próprio compositor escreveu segundo o *epos* escandinavo *Edda* e a *Canção do nibelungo*. (Ver "A valquíria. Primeiro dia da trilogia: *O anel do nibelungo*", segundo ato). *Canção do nibelungo* — significativo *epos* heroico alemão, criado com base nos mitos e nas sagas alemães do período chamado de migração dos povos (séc. III-V a.C.). Na forma que chegou até nós, o *epos* data do século XII.

XIV. *Edda* — uma reunião de sagas de heróis mitológicos e canções de povos escandinavos; sobreviveu sob a forma de um manuscrito originário do século XIII, descoberto em 1643 pelo bispo islandês Sveinsson (a "*Edda* mais antiga"), bem como sob a forma de um tratado sobre a poesia dos escaldos, que tinha sido redigido no início do século XIII pelo poeta e cronista Snorri Sturluson (a "*Edda* mais nova"). As canções de *Edda* espelham a sociedade escandinava do período da decadência do ordenamento gentil e da migração dos povos. Nelas encontramos formas e fábulas das tradições dos antigos germanos. *Ögisdrecka* — uma canção da "*Edda* mais antiga", que está entre os textos mais antigos da coleção. Engels cita aqui passagens das estrofes 32 e 36 dessa canção.

XV. *Asen* e *Vanen* — estirpes de deuses da mitologia escandinava. *Ynglinga Saga* — primeira das dezesseis sagas sobre os reis noruegueses da época mais antiga até o fim do século XII, pertencendo ao livro *Heimskringla*, que foi escrito pelo poeta e cronista islandês Snorri Sturluson na primeira metade do século XIII. Foi baseado em crônicas sobre reis noruegueses, bem como em sagas originárias da Islândia e da Noruega. Engels cita aqui o capítulo 4 dessa saga.

XVI. Morgan, *op. cit.*, Londres, 1877, p. 425.

XVII. Bachofen, *op. cit.*, Stuttgart, 1861, p. 385, entre outras.

XVIII. César, *A guerra gálica*, livro V, cap. 14.

XIX. *Sistema de classes australiano* — trata-se das classes de matrimônio, ou grupos de casamento, em que a maioria das tribos australianas se divide. Existem quatro classes de matrimônio, das quais cada qual se decompõe numa parte masculina e noutra feminina. Entre as quatro classes havia determinadas prescrições para regrar a consumação do casamento, por exemplo, os homens de um grupo poderiam celebrar apenas um casamento com mulheres de um outro determinado grupo.

XX. Morgan, *Systems of Consaguinity and Affinity of the Human Family* [Sistemas de consanguinidade e afinidade da família humana]. Washington, 1871.

XXI. Morgan, *op. cit.*, Londres, 1877, p. 459.

XXII. Engels cita a carta de Arthur Wright sobre o livro de Morgan, *Ancient Society*, Londres, 1877, p. 455. O texto integral da carta (datada de 19 de maio de 1874) foi publicado no periódico *American Anthropologist*, New Series, Menasha. Wisconsin, Estados Unidos, 1933, n. 1, p. 138-140.

XXIII. Bancroft, *The Native Races of the Pacific States of North America* [As raças nativas dos estados do Pacífico da América do Norte], v. 1. Leipzig, 1875, p. 352-353.

XXIV. *Saturnálias* — realizadas para os casamentos do deus romano Saturno — à época do solstício de inverno, após o término dos trabalhos na lavoura —, festejo popular celebrado na antiga Roma. Durante esse festejo, do qual os escravizados tomavam parte e podiam se sentar à mesa dos livres, eram realizadas refeições em massa e orgias: prevalecia o livre trânsito sexual. O termo "saturnálias" passou a ser usado para conceituar bebedeiras e orgias desenfreadas.

XXV. Trata-se da chamada Sentença de Guadalupe, de 21 de abril de 1486, a terceira arbitragem do rei espanhol Ferdinando V (o Católico). A revolta de camponeses na Catalunha obrigou o rei a fazer concessões aos camponeses, e ele então passou a atuar como mediador entre os camponeses revoltosos e os senhores feudais. A arbitragem previa a eliminação da escravidão e dos "usos ruins" (entre outros, o direito à primeira noite com a futura noiva ou noivo), sob a condição da alforria.

XXVI. Morgan, *op. cit.*, Londres, 1877, p. 465-466.

XXVII. Ibidem, p. 470.

XXVIII. Ver Maxim Kovalevski, "Perwobietnoje Prawa", Wiepusk 1, Rod. Moscou, 1886. Nessa obra, Kovalevski se ampara nas publicações de Orchanski (1875) e Jefimenko (1878) sobre questões das cooperativas de família na Rússia.

XXIX. *Pravda de Yaroslav* é o nome que se dá à primeira parte da mais antiga constituição da "Russkaya Pravda", a reunião de leis da antiga Rus, surgida nos séculos XI e XII com base no direito consuetudinário da época e que acabou por ganhar expressão nas relações econômicas e sociais da sociedade da época.

XXX. *Leis dalmácias* — leis que detinham validade entre os séculos XV e XVII em Poljica (região da Dalmácia) e que ficaram conhecidas sob a designação de "estatuto poljizzer".

XXXI. Heusler, *Institutionen des Deutschen Privatrechts* [Instituições do direito privado alemão], v. 2. Leipzig, 1886, p. 271.

XXXII. A observação de Nearco é mencionada no *Geographie* (Geografia) de Strabos, em seu livro XV, cap. 1.

XXXIII. *Calpullis* — cooperativas domésticas entre os indígenas do México à época da conquista espanhola. Cada cooperativa doméstica, e seus membros tinham todos a mesma origem, possuía um lote de terra em comum, que não podia ser nem expropriado nem dividido entre herdeiros. Sobre as *calpullis* relata Alonzo de Zurita em sua obra *Rapport sur les différentes classes de chefs de la Nouvelle-Espagne, sur les lois, les moeurs des habitants, sur les impôts établis avant et depuis la conquête, etc. etc.* [Relatos sobre as diferentes classes de chefes da Nova Espanha, sobre as leis, os costumes dos habitantes, sobre os impostos estabelecidos antes e depois da conquista, etc., etc.]; estes relatos foram publicados pela primeira vez no livro *Voyages, relations et mémoires originaux pour servir à l'histoire de la découverte de l'Amérique,* publiés pour la première fois en français, par H. Ternaux-Compans [Viagens, relações e memórias originais para servir à história da descoberta da América, publicados pela primeira vez em francês por H. Ternaux-Compans]. Paris, 1840, p. 11, p. 50-64.

XXXIV. Cunow, "Die altperuanischen Dorf-und Markgenossenchaften" [As cooperativas de vila e de marca do Peru antigo], no periódico *Das Ausland* de 20 e 27 de outubro, bem como de 3 de novembro de 1890.
O periódico "*Das Ausland*. Visão geral das novas pesquisas no campo da natureza, da terra e dos povos" circulou de 1828 até 1893 (de início, diariamente; a partir de 1853, semanalmente); de 1873 em diante, passou a ser publicado em Stuttgart.

XXXV. Engels se refere aqui ao artigo 230 de 1804 do Code Civil des Français [Código Civil dos franceses], introduzido por Napoleão.

XXXVI. Schömann, *Griechische Alterthümer* [Antiguidades gregas], v. I. Berlim, 1855, p. 268.

XXXVII. *Espartíatas* — cidadãos plenos da antiga Esparta.
*Hilotas* — originalmente, os habitantes primeiros do sul do Peloponeso, região submetida pelos espartanos emigrados. Os hilotas, que eram escravos do Estado espartano, tinham de cultivar o campo para a classe dominante, dos espartíatas, e dar a ela metade do montante produzido.

XXXVIII. Wachsmuth, *Hellenische Alterhumskunde aus dem Gesichtspunkte des Staates* [Antiguidade helênica do ponto de vista do Estado], segunda parte, segunda divisão. Halle, 1830, p. 77.

XXXIX. Karl Marx; Friedrich Engels, *A ideologia alemã*.

XL. Morgan, *op. cit.*, Londres, 1877, p. 504.

XLI. *Hierodulas* — na Grécia Antiga e nas colônias gregas, escravas que pertenciam ao templo. As hierodulas atuavam em muitos lugares, sobretudo nas cidades da Ásia Menor e em Corinto, prostituindo-se a serviço do templo.

XLII. Tácito, *Germânia*, cap. 18 e 19.

XLIII. Analogamente ao citado por Fourier, "Théorie de l'unité universelle" [Teoria da unidade universal], v. 3. In: *Oeuvres complètes*, t. 4. Paris, 1841, p. 120. A primeira edição dessa obra apareceu sob o título de *Traité de l'association domestique--agricole* [Tratado da associação doméstica agrícola], t. 1-2. Paris-Londres, 1822.

XLIV. *Dafnes e Cloé* — romance pastoral da Grécia Antiga dos séculos II a III; sobre o seu autor, Longos, nada se conhece.

XLV. *Gutrun* [*Kudrun*] — poesia épica do médio-alto alemão do século XIII.

XLVI. Maine, *Ancient Law: Its Connection with the Early History of Society, and Its Relation to Modern Ideas* [Direito antigo: sua conexão com a história primeva da sociedade e sua relação com as ideias modernas]. Londres, 1866, p. 170; a primeira edição dessa obra apareceu em 1861 em Londres.

XLVII. Karl Marx; Friedrich Engels, *Manifesto do partido comunista*, cap. 1.

XLVIII. Morgan, *op. cit.*, Londres, 1877, p. 491-492.

XLIX. *Ibid*, p. 85-86.

L. Aqui se está a falar da conquista do México pelos espanhóis, 1519-1521.

LI. Morgan, *op. cit.*, Londres, 1877, p. 115.

LII. *Nação neutra* — era como se chamava, no século XVII, a liga guerreira de algumas tribos indígenas aparentadas com os iroqueses que viviam na margem norte do Lago Erie. A liga guerreira recebeu essa designação dos colonizadores franceses, uma vez que ela manteve neutralidade nas guerras entre as tribos dos iroqueses e dos hurões.

LIII. Engels refere-se aqui à luta pela libertação nacional dos zulus e nubieros contra os colonizadores ingleses. Os zulus, que tinham sido invadidos pelos ingleses em janeiro de 1879, durante meio ano ofereceram dura resistência estando sob a chefia de Cetewayo. Graças à superioridade de seus equipamentos militares, após algumas batalhas os ingleses conseguiram vencer os zulus. Os zulus, por fim, vieram a se submeter ao domínio inglês em 1887, quando os ingleses se valeram da guerra civil entre as tribos zulus, provocada pelos próprios ingleses. A luta de libertação nacional dos nubieros, árabes e outros povos nativos do Sudão, sob a condução do profeta muçulmano Mohammed Achmed, que a si próprio se nomeava "Mahdi", isto é, "salvador", iniciou-se em 1881. Um ponto alto foi atingido por essa luta em 1883-1884, quando quase todo o território do Sudão foi libertado dos colonizadores ingleses, que ali haviam adentrado nos anos 1870. Durante a luta se formou um Estado Mahdi autônomo e centralizado. Somente por volta de 1899 conseguiram os ingleses, em razão da fraqueza interna do Estado — consequência de ininterruptas guerras e cisões entre as tribos — e graças à superioridade de seu equipamento militar, conquistar o Sudão.

LIV. Grote, *A History of Greece* [Uma história da Grécia], v. 3. Londres, 1869, p. 54-55; a primeira edição dessa obra, v. 1-12, apareceu de 1846 a 1856 em Londres.

LV. Engels se refere aqui ao discurso realizado no tribunal por Demóstenes contra Eubúlides, no qual se fala do antigo costume pelo qual só se poderiam enterrar no mesmo local de sepultamento parentes de sangue.

LVI. Engels se refere aqui a uma passagem da obra, que não chegou até nós, do filósofo grego antigo Dicearco, referido por Wilhelm Wachsmuth, *Hellenische Alterthumskunde aus dem Gesichtspunkte des Staates*, primeira parte, primeira seção. Halle, 1826, p. 312.

LVII. Becker, *Charikles. Bilder Altgriechiscer Sitte. Zur genauere Kenntniss des griechischen Privalebens* [Cáricles. Imagens de costumes gregos antigos. Para um conhecimento mais preciso da vida privada dos gregos], segunda parte. Leipzig, 1840, p. 447.

LVIII. Grote, *op. cit.*, v. 3. Londres, 1869, p. 66.

LIX. *Ibid*, p. 60.

LX. Grote, *op. cit.*, v. 3. Londres, 1869, p. 58-59.

LXI. Homero, *Ilíada*, segundo canto.

LXII. Dioniso de Halicarnasso, *História original dos romanos*, segundo livro, cap. 12.

LXIII. Schömann, *op. cit.*, v. I. Berlim, 1855, p. 27.

LXIV. Morgan, *op. cit.*, Londres, 1877, p. 248.

LXV. Homero, *Ilíada*, segundo canto.

LXVI. Tucídides, *História da guerra do Peloponeso*, livro I, cap. 13.

LXVII. Aristóteles, *Política*, terceiro livro, cap. 10.

LXVIII. Trata-se aqui da quarta e mais baixa classe de cidadãos atenienses, os tetes (livres, mas sem posses), que tinham o direito de se investir de cargos públicos; parte das fontes atribui essa inovação a Aristides (século V a.C.).

LXIX. A referência que aqui se faz é aos chamados metecos — estrangeiros que viviam em Atenas. Apesar de sua liberdade pessoal, eram estrangeiros sem direitos, que não podiam ocupar cargos públicos ou tomar parte na assembleia do povo, assim como não podiam possuir bens imóveis. Em sua maior parte, artesãos e comerciantes. Os metecos deviam pagar um imposto especial por cabeça; com a mediação de seus chamados protetores, podiam acessar órgãos administrativos, alinhando-se aos cidadãos plenos.

LXX. Nos anos 510-507 a.C., Clístenes, da família dos Alcmeônidas, estava no auge da luta do povo ateniense contra o domínio da antiga nobreza gentílica. A vitória alcançada pelos revoltosos foi certificada pelas leis de Clístenes, que eliminaram o último resquício da constituição gentílica.

LXXI. Morgan, *op. cit.*, Londres, 1877, p. 271.

LXXII. No ano de 560 a.C., Pisístrato, de uma família aristocrática empobrecida, tomou para si o poder de Atenas e erigiu uma ditadura (tirania). Essa forma de governo persistiu com interrupções (Pisístrato por duas vezes foi expulso de Atenas, mas retornou as duas vezes), mesmo após sua morte (em 527 a.C.), até a expulsão de seu filho Hípias (510 a.C.); logo depois, Clístenes erigiu em Atenas a democracia escravista. A política de Pisístrato, que defendia os interesses dos pequenos e médios detentores de terras, minou a posição da nobreza gentílica, mas não teve como consequência mudanças sérias na estrutura política do Estado ateniense.

LXXIII. As *Leis das Doze Tábuas* são o monumento mais antigo do Direito romano, apresentado em meados do século V a.C. como resultado da luta dos plebeus contra os patrícios. No fundo, elas não são nada além de um apontamento do direito consuetudinário obrigatório que havia à época em Roma. As leis inscritas nas doze tábuas espelham as diferenças de posse no interior da sociedade romana, o desenvolvimento da escravidão e a formação do Estado escravocrata.

LXXIV. A batalha na *floresta de Teutoburgo* (no ano 9 de nossa era), entre as tribos germânicas que se levantaram contra os invasores romanos e as tropas romanas sob a liderança de Varo, terminou com a aniquilação completa das tropas romanas. Varo cometeu suicídio.

LXXV. Ápio Cláudio foi eleito para o ano de 451-450 a.c. para um colégio que consistia de dez homens incumbidos de redigir as leis (decênviro). O colégio possuía poderes extraordinários. Após o transcurso do prazo estabelecido, os decênviros, com Ápio Cláudio, expandiram-se por meio da usurpação do poder do colégio até o ano de 449 a.C. A arbitrariedade e as medidas violentas dos decênviros, sobretudo de Ápio Cláudio, suscitaram uma revolta dos plebeus, que levou à queda dos decênviros. Ápio Cláudio foi lançado na prisão, onde logo veio a falecer. A *Segunda Guerra Púnica* (218-201 a.C.) foi uma das guerras travadas entre os dois grandes Estados escravagistas da Antiguidade — Roma e Cartago — pelo domínio da porção ocidental do Mar Mediterrâneo, pela conquista de novos territórios e pela obtenção de escravizados. A guerra terminou com a aniquilação de Cartago.

LXXVI. Em seu livro *Römische Alterthümer* [Antiguidades romanas], v. I. Berlim, 1856, p. 195, Lange se refere à dissertação de Ph. E. Huschke, "De privilegiis Fecinaie Hispalae senatusconsulto concessis" (livro XXXIX, 19). Göttingen, 1822.

LXXVII. Theodor Mommsen, *Römische Geschichte* [História romana], v. I, primeiro volume, cap. 6; a primeira edição da referida obra (v. 1) apareceu em 1854, em Leipzig.

LXXVIII. A conquista de Gales pelos ingleses foi consumada em 1283, ainda que Gales tenha mantido a sua autonomia; em meados do século XVI, unificou-se integralmente com a Inglaterra.

LXXIX. Em 1869-1870, Engels trabalhava numa grande obra, que se manteve incompleta, dedicada à história da Irlanda. Em conexão com o estudo da história dos celtas, o autor estudou também as leis galesas antigas.

LXXX. Ver *Ancient Laws and Institutes of Wales* [Leis e institutos antigos de Gales], v. 1, 1841, p. 93.

LXXXI. Em setembro de 1891, Engels fez uma viagem pela Escócia e pela Irlanda.

LXXXII. O levante que irrompeu entre os habitantes das terras altas da Escócia foi sua resposta à repressão e à expulsão das terras que se deu por interesse da aristocracia agrária e da burguesia anglo-escocesa. Parte da aristocracia das terras altas da Escócia estava interessada na manutenção do sistema de clãs patriarcalista feudal, apoiava os representantes da dinastia deposta dos Stuarts ao trono inglês e se valia da insatisfação do povo das terras altas. O objetivo declarado da revolta foi a subida ao trono de Carlos Eduardo, sobrinho de Tiago II. A repressão da revolta teve como consequência a completa aniquilação do sistema de clãs nas terras altas da Escócia e acelerou a expulsão do campesinato escocês de suas terras.

LXXXIII. Morgan, *op. cit.*, Londres, 1877, p. 357-358.

LXXXIV. Beda Venerabilis, *Historiae ecclesiasticae gentis Anglorum*, livro I, cap. 1.

LXXXV. César, *A guerra gálica*, livro VI, cap. 22.

LXXXVI. *Direito Civil Alamano* — uma designação advinda do final do século VI ou início do século VII e do século VIII para o direito consuetudinário da tribo alemã dos alemanos (alamanos). Os alemanos habitavam, desde o século V, o território onde hoje se situa a Alsácia, a Suíça e o sudoeste da Alemanha. Engels refere--se aqui à Lei LXXXI (LXXXIV) do "Direito Civil Alamano".

LXXXVII. *Canção de Hildebrando* — poesia heroica do antigo alemão culto, mantida em estágio fragmentário, datando do século VIII; texto da mais antiga saga alemã passada pela tradição.

LXXXVIII. Tácito, *Germânia*, cap. 7.

LXXXIX. Diodoro Siculo. *Bibliothecae historicae quae supersunt*, v. 4, cap. 34, p. 43-44.

XC. *Völuspâ* — uma das canções da "antiga *Edda*" (ver nota XIV).

XCI. A revolta das tribos gálicas e germânicas sob Civilis, contra o domínio romano nos anos 69-70 (segundo algumas fontes, de 69 a 71), foi provocada por aumentos dos impostos e por abusos das autoridades romanas. Compreendeu uma parte considerável da Gália e de regiões germânicas que se encontravam sob domínio romano. Para Roma, os referidos territórios pareciam perdidos. Após alguns êxitos iniciais, os revoltosos foram submetidos a uma série de derrotas, as quais os obrigaram a celebrar a paz com Roma.

XCII. César, *A guerra gálica*, livro IV, cap. 1.

XCIII. Tácito, *Germânia*, cap. 26.

XCIV. *Codex Laureshamensis* ("Cartulário de Lorsch") — Cartulário do mosteiro de Lorsch, no qual se encontram reunidos os originais de escrituras de doações, privilégios, entre outros.

O mosteiro de Lorsch, fundado na segunda metade do século VIII no Reino Franco, relativamente perto de Worms, dispunha de uma grande propriedade feudal no sudoeste da Alemanha. Confeccionado no século XII, o cartulário é uma das fontes mais importantes sobre a história das propriedades de terra camponesa e feudal nos séculos VIII e IX.

XCV. Plínio, *História natural*, livro XVIII, cap. 17.

XCVI. Ibidem, livro IV, cap. 14.

XCVII. Liutprando de Cremona, *Antapodosis*, livro VI, cap. 6.

XCVIII. Salviano de Marselha, *De gubernatione dei*, livro V, cap. 8.

XCIX. *Benefício* — forma de concessão de terra muito disseminada na primeira metade do século VIII na França. As terras transferidas como benefício passavam a usufruto do receptor (beneficiário) durante o tempo de vida do camponês que delas dependesse para a própria subsistência, sob a condição de determinadas prestações de serviços; na maioria das vezes, esses serviços eram do tipo militar. Se morresse o locatário ou o receptor, a concessão caía no colo do proprietário ou de seus herdeiros. Se o beneficiário fosse negligente com seu súdito ou com seu patrimônio, o benefício podia ser revogado. Para a renovação da relação que havia até então, tinha de se realizar uma nova transferência ao receptor ou a seus herdeiros. Para a concessão de benefícios, não apenas a Coroa se fazia agente da transferência, mas também grandes magnatas e a Igreja. O sistema de benefícios contribuiu para a formação da classe dos feudais, sobretudo da pequena e média nobreza, para a escravização em massa de camponeses, para a formação de relações de vassalagem e para a hierarquia feudal. Com o passar do tempo, o benefício mais e mais se desenvolveu, assumindo a forma de feudo hereditário.

C. *Condes das comarcas* — na França, funcionários reais que ocupavam o posto mais alto de uma comarca ou de um condado e que tinham deveres jurídicos, policiais e militares. Por seu serviço, recebiam um terço dos rendimentos reais de sua comarca e, além disso, eram remunerados com porções de terra. Com o tempo, os condes das comarcas converteram-se em senhores feudais, a deter poder soberano; isso passou a acontecer, sobretudo, após 877, quando os postos nos condados vieram a se tornar hereditários.

CI. *Livro cadastral de Irminon* (Polyptichon) — um índice dos terrenos e dos servos ali estabelecidos, bem como das receitas do mosteiro Saint-Germain-des-Prés, informações que o abade Irminon reuniu no século IX. É evidente que Engels cita os dados de acordo com Paul Roth, *Geschichte des Beneficialwesens von de ältesten Zeiten bis ins zehnte Jahrhundert* [História da entidade beneficente dos tempos antigos até o século X]. Erlangen, 1850, p. 378.

CII. *Lites* — camponeses semilivres e tributáveis que, juntamente com colonos e escravizados, constituíam um dos principais grupos de camponeses dependentes na época dos merovíngios e carolíngios.

CIII. *Angárias* — no tempo do Império Romano, obrigações dos habitantes de dispor de animais de carga por coação do Estado. Uma vez que, no período seguinte, essas obrigações passavam a assumir caráter mais abrangente, convertiam-se em pesado fardo para a população.

CIV. *Kommendation* — na Europa dos séculos VIII e XIX, concordância disseminada segundo a qual um mais fraco se punha sob a "proteção" de um mais forte sob determinadas condições (militares ou de prestações de serviços, entrega de terras que seriam recebidas de volta como feudo). Para os camponeses, que, com frequência, eram forçados por esse ato, a *Kommendation* significava a perda da liberdade pessoal, e, para os pequenos detentores de terra, a dependência em relação aos grandes senhores feudais; contribuiu para a escravização em massa de camponeses bem como para o fortalecimento da hierarquia feudal.

CV. Fourier, *Théorie des quatre mouvements et des destinés générales* [Teoria dos quatro movimentos e dos destinados gerais]. In: *Oeuvres complètes*, v. 1. Paris, 1846, p. 220. A primeira edição do livro apareceu anônima, em 1808, em Lyon.

CVI. A *batalha de Hastings* deu-se em 1606, entre as tropas do duque Guilherme da Normandia, que se fez invasor da Inglaterra, e dos anglo-saxões, sob o rei Haroldo. Os anglo-saxões, que continham em sua organização militar reminiscências da sociedade gentílica e armas primitivas, foram aniquilados. No lugar do rei Haroldo, morto na batalha, Guilherme, sob o nome de Guilherme I, o Conquistador, alçou-se à condição de rei da Inglaterra.

CVII. Molière, *George Dandin, ou le mari confondu*, primeiro ato, cena 9.

CVIII. *Dithmarschen* — distrito da porção sudoeste do que é hoje o Schleswig-Holstein. Na Antiguidade, era habitado pelos saxões, mas, no século VIII, foi conquistado por Carlos, o Grande, e, a partir dali, fez-se posse de senhores feudais diferentes quanto aos aspectos espiritual e mundano. Em meados do século XII, os habitantes do Dithmarschen, entre os quais a maioria eram camponeses livres, foram obtendo gradativa autonomia e, no período entre os séculos XIII e XVI, tornaram-se independentes de fato; de maneira bem-sucedida, desafiaram as repetidas tentativas dos reis dinamarqueses e duques do Holstein de submeter essa região. O desenvolvimento social do Dithmarschen foi algo de muito original: por volta do século XIII, a nobreza local desapareceu; no período de sua independência, o Dithmarschen apresentou comunidades de camponeses que se autogeriam, e sua base, em muitos casos, foram as antigas *gentes* camponesas. Até o século XIV, a assembleia local, composta pelos detentores de terras livres, exercia o mais elevado poder, tendo sido substituída por um sistema representativo — três corporações selecionadas. Em 1559, as tropas do rei dinamarquês Frederico II e dos duques do Holstein João e Adolfo conseguiram quebrar a resistência da população local e dividir essa região entre si. A constituição comunitária e a autoadministração foram mantidas no Dithmarschen até a segunda metade do século XIX.

CIX. Hegel, *Fundamentação da filosofia do direito*, §§ 257 e 360. A primeira edição desta obra apareceu em 1821 em Berlim.

Este livro foi impresso pela Rettec Artes Gráficas e Editora
em fonte Minion Pro sobre papel Pólen Bold 70 g/m²
para a Edipro no outono de 2023.